Danielowski · Pretzsch **Architekturperspektive**

Franz Danielowski · Alfred Pretzsch

Architekturperspektive

Konstruktion und Darstellung

Vierte, unveränderte Auflage

WERNER-VERLAG

CIP-Kurztitelaufnahme der Deutschen Bibliothek

Danielowski, Franz:
Architekturperspektive: Konstruktion u. Darst./
Franz Danielowski; Alfred Pretzsch. – 4.,
unveränd. Aufl. – Düsseldorf: Werner, 1982.
ISBN 3-8041-1330-3
NE: Pretzsch, Alfred:

ISBN 3-8041-1330-3

DK 742
© VEB Verlag für Bauwesen, Berlin 1969
Unveränderter Nachdruck 1982
Ausgabe für　〰　Werner-Verlag GmbH · Düsseldorf
Satz und Druck: Fachbuchdruck Naumburg (Saale)
Buchbinderei: Druckhaus „Freiheit Halle"
Printed in GDR

Vorwort

Die Architekturperspektive ist eine der umfangreichen und vielseitigen zeichnerischen Arbeiten, die der Architekt, der Bauingenieur oder der Bauzeichner beim Entwurf von Bauwerken zu leisten hat. Sie soll dem Entwerfenden helfen, seine Vorstellung zu überprüfen und sich gegenüber jedermann verständlich zu machen. Vor allem der Laie wird oft nur durch die perspektive Darstellung erschöpfenden Aufschluß über die entworfenen Baukörper und Räume erhalten und erst dann kritisch beurteilen können, wie sie sich in die bereits vorhandene Bebauung oder in die Landschaft einfügen. Die Architekturperspektive ist damit eine wichtige Mittlerin zwischen dem Entwurf und den interessierten Bevölkerungskreisen.

Eine Architekturperspektive wird in zwei Arbeitsgängen hergestellt. Zunächst ist die geometrische Konstruktion der Perspektive zu zeichnen, dann erfolgt ihre darstellerische Bearbeitung; dieser Gliederung entspricht auch der Aufbau des vorliegenden Buches.

Aus der Vielzahl der möglichen Konstruktionen werden dem Leser diejenigen geboten, die unmittelbar für seine praktische Arbeit von Bedeutung sind. Dabei war es notwendig, die wichtigsten für das Verständnis der Zusammenhänge erforderlichen Grundgesetze und technischen Begriffe der perspektiven Konstruktion zu erläutern. Als geometrische Zeichnungen wurden möglichst einfache Objekte gewählt, um mit wenigen Linien auszukommen und dadurch die Übersichtlichkeit zu erhöhen. Gerade deshalb sollte jede Zeichnung vom Leser beim Durcharbeiten des Textes selbst noch einmal konstruiert werden. Stichpunktartige Zusammenfassungen dienen zur besseren Übersicht über den Konstruktionsablauf.

In gleicher, auf die praktische Arbeit gerichteten Weise wurden die Abschnitte über die Darstellungstechniken angelegt. Mit knappen textlichen Erläuterungen werden hier die vielseitigen grafischen Möglichkeiten methodisch untersucht und die Darstellung der notwendigen Staffage und des Umgebenden gezeigt. Es liegt jedoch in der Sache selbst, daß Darstellungstechniken nur empfohlen werden können. Aber über die erlernbaren Grundlagen führt der Weg zum eigenen, persönlichen zeichnerischen Ausdruck.

Die Verfasser danken besonders den Kollegen des Lehrstuhls für das Bildkünstlerische in der Architektur an der Hochschule für Architektur und Bauwesen Weimar für viele darstellerischen Anregungen. Darüber hinaus gilt ihr Dank dem Verlag für seine Unterstützung bei der Gestaltung und die Sorgfalt, die er dem Buch angedeihen ließ.

Die Verfasser

Inhaltsverzeichnis

1. Grundlagen der Perspektive

1.1. Aufgabenstellung

Perspektiven sind Abbildungsmethoden, mit deren Hilfe anschauliche Bilder räumlicher Objekte gezeichnet werden können. Im Bauwesen haben sich Zeichnungen, die mit der Methode der Zentralprojektion hergestellt werden, den Vorrang erobert. Zwei Grundaufgaben werden durch diese Abbildungsart erfüllt:

A. Das abzubildende räumliche Objekt ist durch seine Risse (Grund-, Auf- und Seitenriß) bekannt. Nach diesen Gegebenheiten, also dem Entwurf des Bauwerks, ist die Perspektive zu zeichnen, also von einem Bauobjekt, das *erst entstehen soll*.

Zum Beispiel: Von einem Bauentwurf soll durch ein perspektives Schaubild eine Übersicht über die Gebäudegruppierung vermittelt werden.

B. Die Perspektive eines Bauobjekts ist durch sein fotografisches Abbild bekannt (jedes Foto ist eine auf optisch-chemischen Weg entstandene Perspektive). Aus den Gesetzmäßigkeiten der Abbildung sind die Risse (Grund-, Auf- und Seitenriß) zu rekonstruieren, also von einem Bauobjekt, *das bereits besteht*.

Zum Beispiel: Bei der Bauaufnahme sind schwer zugängliche Fassadendetails in ihren Abmessungen zu ermitteln.

Beide Grundaufgaben können auch gleichzeitig miteinander angewendet werden.

In eine Baulücke, von der ein Foto vorliegt, ist das „Sicheinfügen" eines Planungsobjekts, das in seinen Rissen bekannt ist, zu überprüfen. Das bedeutet, daß zunächst die Gesetzmäßigkeiten der Abbildung der bereits bestehenden Bauobjekte rekonstruiert werden, um dann mit deren Hilfe die Gegebenheiten des Planungsobjekts in das Foto einzukonstruieren.

1.2. Begriffserläuterung

Es war ein Jahrhunderte während Entwicklungsweg, bis die Erkenntnisse in der Kunst des perspektivischen Zeichnens so ausgereift waren, daß ihre Gesetzmäßigkeiten erkannt und von der mündlichen Überlieferung zum schriftlichen Niederschlag führten. Vor allem im fünfzehnten und sechzehnten Jahrhundert entstanden die ersten lehrbuchartigen Werke über die Perspektive. In Rom erschien 1583 ein Buch von *Jacomo Barozzi da Vignola*, dem die Illustration zur Veranschaulichung des Entstehungsvorgangs einer perspektivischen Zeichnung entnommen worden ist (Bild 1). Von einem Auge einer Person (*D*) – das perspektivische Sehen ist ein einäugiges Sehen – gehen Sehstrahlen aus, die die Eckpunkte einer achteckigen Platte (*A, 1* bis *8*) anvisieren, die auf einer lotrechten Zeichenebene (*E*)

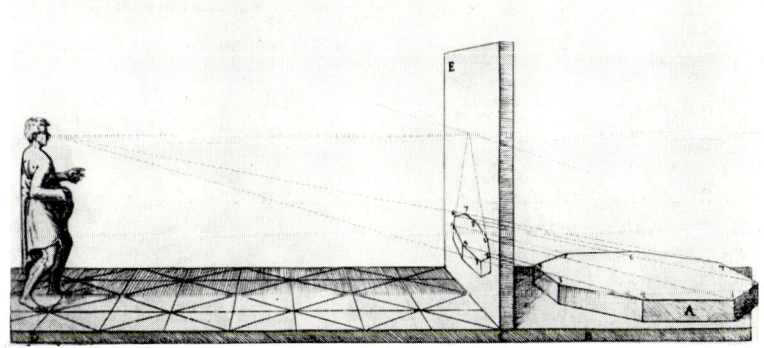

Bild 1 Illustration zur Entstehung eines perspektivischen Bildes von *da Vignola*, Rom 1583

9

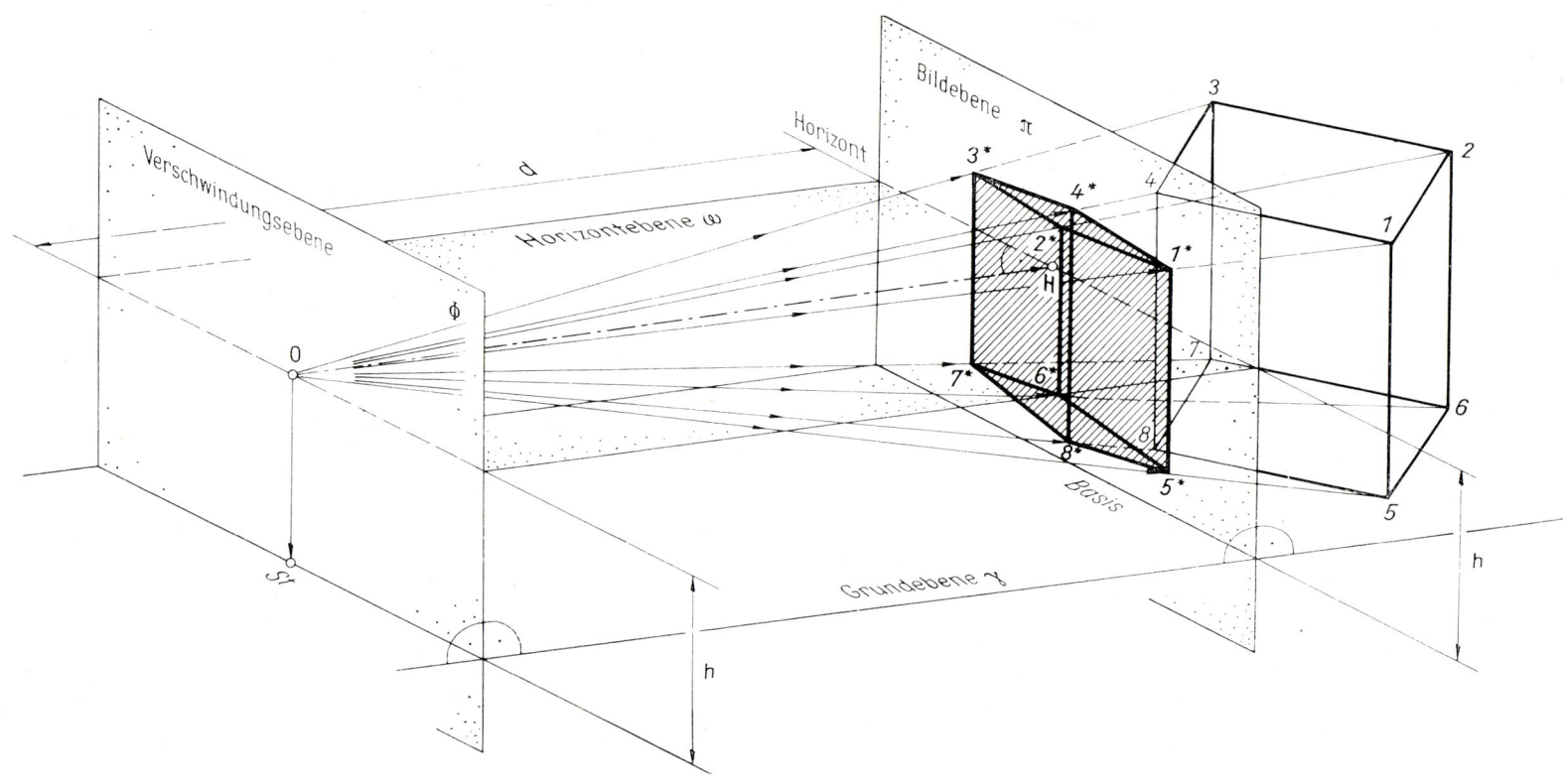

Bild 2 Axonometrische Darstellung der Entstehung eines perspektiven Bildes

O   Projektionszentrum
St Standpunkt
h   Horizonthöhe
d   Distanz
H   Hauptpunkt

10

abgebildet werden soll. Die Sehstrahlen durchstoßen die Zeichenebene, wobei die entstandenen Durchstoßpunkte (*1 bis 8*) wie auf der abzubildenden Platte zu verbinden sind. Diese perspektive Konstruktion wird als Durchstoßverfahren oder auch Durchschnittverfahren bezeichnet.

Die historische Vorlage soll noch um einige Bestimmungsstücke erweitert werden (Bild 2). Die Ausgangslage bildet das Zentrum der Projektionsstrahlen, der Punkt O, seine lotrechte Projektion auf die Grundebene γ heißt Standpunkt *St*. Die Projektionsstrahlen erfassen die acht Eckpunkte des darzustellenden Objekts, des Quaders *1 bis 8*, der mit seiner Grundfläche auf der Grundebene steht. Die Projektionsstrahlen durchstoßen die lotrecht zur Grundebene angeordnete Bildebene π, deren Schnittgerade mit der Grundebene Basis genannt wird. Die Durchstoßpunkte $1^\star$ bis $8^\star$ ergeben das perspektive Abbild des Quaders. Unter allen den Projektionsstrahlen gibt es einen besonderen, nämlich den, der lotrecht auf die Bildebene einfällt, den Hauptstrahl; sein Durchstoßpunkt wird mit Hauptpunkt H bezeichnet. Die Strecke von O nach H entspricht der Distanz d der Konstruktion. Die durch O gehende, parallel zur Grundebene liegende Ebene wird Horizontebene ω genannt, ihre Schnittgerade mit der Bildebene der Horizont oder Horizontlinie, Horizont und Basis sind parallel; der Hauptpunkt liegt bei dieser Anordnung auf dem Horizont. Die Strecke von O nach *St* ist gleich dem Abstand von H zur Basis, sie wird mit Horizonthöhe h bezeichnet. Die durch O gehende, zur Bildebene parallele Ebene heißt Verschwindungsebene Φ, ihre Schnittgerade mit der Grundebene ihre Verschwindungsspur, die demnach parallel zur Basis verläuft. Es ist nicht notwendig, daß die Bildebene immer zwischen dem Projektionszentrum und dem abzubildenden Objekt angeordnet wird; sie kann auch durch das Objekt gehen oder, vom Projektionszentrum aus gesehen, hinter dem Objekt angeordnet werden. Den allgemeinen Fall für die praktische Anwendung stellt aber die Reihenfolge Projektionszentrum – Bildebene-Objekt dar.

1.3. Abbildung eines Punktes, einer Geraden, zweier paralleler Geraden

Um eine Vereinfachung bei der Klärung von Abbildungsfragen geometrischer Grundgebilde zu erzielen, werden die Grund- und Horizontebene sowie die Distanz zunächst nicht berücksichtigt.

Die perspektive Abbildung eines Raumpunktes ist wieder ein Punkt; er ist der Durchstoßpunkt seines Projektionsstrahls mit der Bildebene (Bild 3).

Wohl läßt sich von einem Raumpunkt X_1, X_2, X_3 eindeutig sein perspektives Abbild $X^*_{1,\,2,\,3,}$ bestimmen, jedoch gehören zu einem Abbild unendlich viele Raumpunkte.

Die perspektive Abbildung einer Raumgeraden ist im allgemeinen wieder eine Gerade (s. Bild 3). Um sie zu ermitteln, werden auf der Raumgeraden g zwei beliebige Punkte, P_1 und Q_2, festgelegt. Zur Verallgemeinerung der Raumlage der Geraden soll ein Abschnitt vor bzw. hinter der Bildebene liegen, vom Projektionszentrum aus gesehen. Es ergeben sich die von den Projektionsstrahlen erzeugten

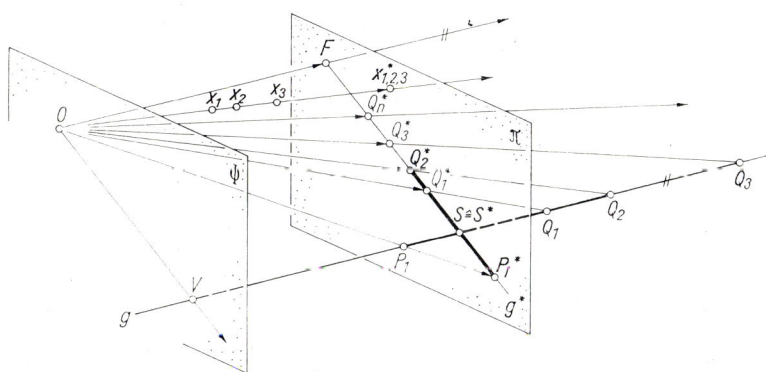

Bild 3 Axonometrische Darstellung der perspektiven Abbildung eines Punktes, einer Geraden

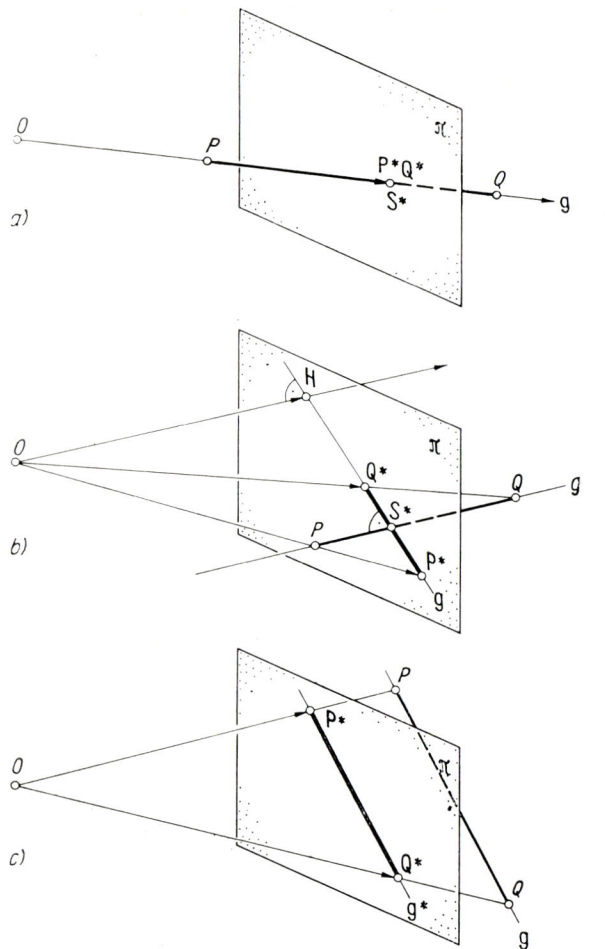

Bild 4 Axonometrische Darstellung der perspektivischen Abbildung einer Geraden in besonderer Lage zur Bildebene
a) mit Projektionsstrahl zusammenfallend; b) lotrecht; c) parallel

Durchstoßpunkte $P^\star_1$ und $Q^\star_2$, deren Verbindung die perspektive Abbildung $g^\star$ darstellt. Jede nicht zur Bildebene parallele Gerade durchstößt die Bildebene in einem Punkt, der als ihr Spurpunkt S bezeichnet wird; er fällt als Punkt der Bildebene mit seinem perspektiven Abbild zusammen. Von den ∞^1 Projektionsstrahlen der ∞^1 Punkte einer Geraden ist nur einer zur Geraden selbst parallel. Er weist nach dem unendlich fernen Punkt der Geraden und heißt Fluchtstrahl; sein Durchstoßpunkt mit der Bildebene wird der Fluchtpunkt F der Geraden genannt. Ein weiterer besonderer Punkt der Geraden ist ihr Verschwindungspunkt V. Er entsteht als Schnittpunkt des zur Bildebene parallelen Projektionsstrahls mit der Geraden.

Sämtliche Verschwindungspunkte aller Raumgeraden bilden eine zur Bildebene parallele Ebene durch das Projektionszentrum, die Verschwindungsebene Φ.

Die drei möglichen besonderen Lagen einer Raumgeraden zur Bildebene bedingen besondere Abbildungsmerkmale (Bild 4):

a) Die Gerade deckt sich mit ihrem Projektionsstrahl; ihr perspektives Abbild reduziert sich auf ihren Spurpunkt.

b) Die Gerade steht auf der Bildebene senkrecht; ihr perspektives Abbild wird Tiefenlinie genannt; ihr Fluchtpunkt ist der Hauptpunkt.

c) Die Gerade liegt zur Bildebene parallel; ihr perspektives Abbild ist zur Geraden parallel. Fluchtpunkt, Spurpunkt, Verschwindungspunkt fallen mit dem gemeinsamen unendlich fernen Punkt der Geraden und ihrem perspektiven Abbild zusammen.

Die perspektive Abbildung zweier zueinander paralleler Geraden, die keine besondere Lage zur Bildebene einnehmen, sind zwei Geraden, die nach dem gleichen Fluchtpunkt weisen (Bild 5).

Die Bestimmung der perspektiven Abbildung erfolgt nach dem gleichen Vorgang wie für eine Gerade in allgemeiner Lage, d. h., daß zunächst auf den Raumgeraden g_1 und g_2 zwei beliebige Punkte P_1

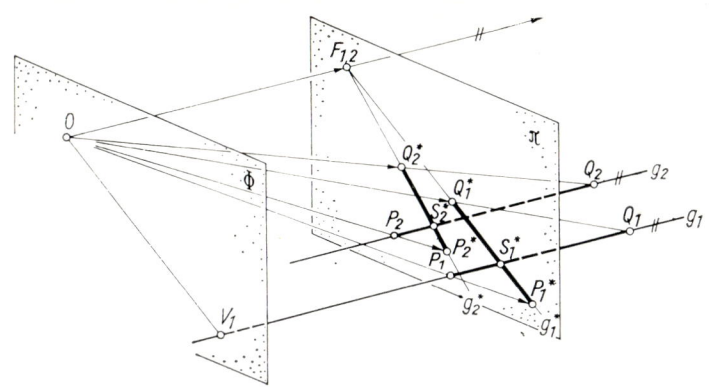

Bild 5 Axonometrische Darstellung der perspektiven Abbildung zweier paralleler Geraden

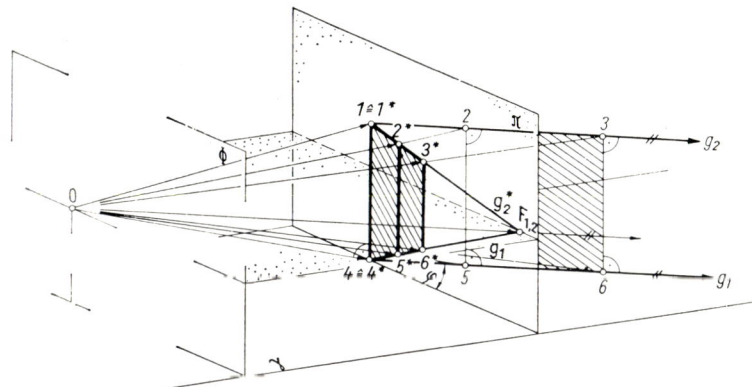

Bild 6 Axonometrische Darstellung der perspektiven Abbildung einer Ebene

und Q_1 bzw. P_2 und Q_2 festgelegt werden. Die Verbindungen ihrer auf der Bildebene liegenden Durchstoßpunkte $P_1^* Q_1^*$ bzw. $P_2^* Q_2^*$ konvergieren nach dem Fluchtpunkt $F_{1,2}$ der selbst als Durchstoßpunkt des zu den zwei Raumgeraden parallelen Projektionsstrahles mit der Bildebene entstanden ist.

1.4 Abbildung einer Ebene, eines Körpers

Zur Klärung dieser Abbildungsfrage werden die Grundebene und die Horizontebene mit eingezeichnet; die Distanz bleibt weiter unberücksichtigt (Bild 6).

Eine Ebene wird durch ihre Bestimmungsstücke abgebildet. Bei der architektonischen Darstellung sind es vor allem zwei parallele Geraden bzw. zwei sich schneidende Geraden, die zu den häufigsten Anwendungsbereichen zählen. Die zur Abbildung gelangende Ebene soll durch diese Bestimmungsstücke – g_1 parallel zu g_2 bzw. durch gleich lange Strecken *1* nach *4*, *2* nach *5*, *3* nach *6*, die g_1 bzw. g_2 unter einem rechten Winkel schneiden – gegeben sein und als Ebene selbst lotrecht zur Grundebene stehen und mit der Bildebene einen beliebigen Winkel bilden, der kein rechter ist; g_1 liegt in der Grundebene.

Die Bestimmung der perspektiven Abbildung erfolgt nach dem gleichen Vorgang wie für zwei Gerade, wobei hinzuzufügen ist, daß der gemeinsame Fluchtpunkt $F_{1,2}$ – für g_1 bzw. g_2 – auf dem Horizont liegt. Die untereinander gleich langen Strecken *1* nach *4*, *2* nach *5*, *3* nach *6* werden, da sie verschiedene Entfernungen zum Projektionszentrum aufweisen, auch verschieden groß abgebildet werden. Eine Besonderheit stellt die Gerade *1* nach *4* dar, die in der Bildebene liegt. Ihre Raumpunkte werden mit ihren perspektiven Abbildern zusammenfallen. Das bedeutet für eine Größenaussage dieser Geraden, daß ihre Abbildung ihrer Originalgröße entspricht.

Die perspektive Abbildung eines Körpers kann als die zusammengesetzte Abbildung seiner Bestimmungsstücke aufgefaßt werden

(s. Bild 2), also von Ebenen in verschiedenen Lagen; zur Klärung dieser Abbildungsfrage wird die Distanz mit einbezogen, auf die im Abschn. 2. näher eingegangen wird.

1.5. Grundgesetze der perspektiven Abbildung

Bei jeder Abbildung bleiben gewisse geometrische Größen unverändert. Diese Größen oder Begriffe werden als die Invarianten der Abbildung bezeichnet. Es erhebt sich nun die Frage, welche Eigenschaften einer räumlichen Figur bleiben bei der Zentralprojektion invariant, welche Eigenschaften werden durch sie verändert?

Invariant ist das *Doppelverhältnis* von vier Punkten einer Geraden (*ABCD*) – auch (*A*, *B*; *C*, *D*) geschrieben –, unter dem das Verhältnis der Teilungsverhältnisse verstanden wird, in das die Punkte *C* und *D* die Strecke *AB* teilen (Bild 7):

$$(ABCD) = \frac{AC}{CB} : \frac{AD}{DB} = \frac{3}{2} : \frac{9}{-4} = -\frac{2}{3} \qquad (1)$$

Das Vorzeichen der Strecken richtet sich nach der Übereinstimmung oder Nichtübereinstimmung ihrer Richtungen mit der positiven Richtung der Geraden. Das Doppelverhältnis ist also eine dimensionslose, aber mit einem Vorzeichen versehene Zahl, wobei das Vorzeichen von dem Durchlaufsinn der Geraden nicht abhängt. Invariant ist ferner das Doppelverhältnis von vier Strahlen durch einen Punkt, unter dem das Doppelverhältnis der vier Punkte verstanden wird, in das die vier Strecken irgendeine fünfte, nicht durch *O* gehende Gerade schneiden (Bild 8). Es seien gegeben:

g eine mit einem positiven Durchlaufsinn versehene Gerade,

A, *B*; *C*, *D* zwei auf ihr gelegene Punktepaare,

O ein Punkt außerhalb der Geraden,

a, *b*, *c*, *d* Geraden, die *O* mit *A*, *B*, *C*, D verbinden.

Zur Beweisführung werden die Dreiecke *AOC*, *COB*, *AOD*, *DOB* betrachtet, die eine gemeinsame Höhe *h* aufweisen, die Normale von *O* auf *g*. Der Flächeninhalt dieser Dreiecke kann als halbes Produkt aus zwei Seiten und dem Sinus des eingeschlossenen Winkels dargestellt werden. Bei Einsetzung dieser Werte in das gebildete Doppelverhältnis kürzen sich die Dreiecksseiten heraus, das Doppelverhältnis ergibt sich als Abhängige der Winkel in *O* und nicht von der Lage der Geraden *g*:

$$\frac{AC}{CB} : \frac{AD}{DB} = \frac{\frac{ac}{2}\sin\lambda}{\frac{cb}{2}\sin\mu} : \frac{\frac{ad}{2}\sin(\lambda+\mu+\nu)}{\frac{db}{2}\sin\nu} = \frac{\sin\lambda}{\sin\mu} : \frac{\sin(\lambda+\mu+\nu)}{\sin\nu} \qquad (2)$$

Für die Schnittpunkte mit jeder anderen Geraden, z. B. $g^\star$, gilt also das gleiche Doppelverhältnis. Daraus ergibt sich, daß das Doppelverhältnis eine Invariante ist. Aus den Bildern 2 bis 6 läßt sich erkennen, daß noch zu den Invarianten zu zählen sind:

die Inzidenz von Punkt und Gerade, d. h., die Lage entsprechender Punkte auf entsprechenden Geraden bleibt erhalten

der Schnittpunkt zweier Geraden

die Abbildung einer Geraden, d. h., sie ist im allgemeinen wieder eine Gerade

Es bleiben nicht erhalten, d. h., im allgemeinen erscheinen im Abbild verändert,

die Abmessungen einer Geraden

die parallele Lage zweier Geraden

das Aufeinander-senkrecht-Stehen zweier Geraden.

Aus diesen Erkenntnissen lassen sich folgende Grundgesetze der Perspektive formulieren:

■ Geraden bilden sich wieder als Geraden ab.

■ Das Bild des unendlich fernen Punktes einer Geraden ist ihr Fluchtpunkt.

■ Untereinander parallele Geraden konvergieren (laufen zusammen) nach dem gleichen Fluchtpunkt.

■ Der Fluchtpunkt der Tiefenlinie ist der Hauptpunkt.

■ Gleich große Strecken, die in der Bildebene liegen, bilden sich als gleich große Strecken, demnach in wahrer Größe ab.

■ Gleich große Strecken, die untereinander parallel sind und in verschiedenen Entfernungen von der Bildebene liegen, bilden sich verschieden groß ab.

■ Zwei sich schneidende Geraden, die in der Bildebene liegen, bilden ihren Schnittwinkel in wahrer Größe ab.

■ Zwei sich schneidende Geraden, die zur Bildebene eine allgemeine Lage aufweisen, bilden ihren Schnittwinkel verzerrt ab.

■ Lotrechte bilden sich als lotrechte, untereinander parallele Geraden ab.

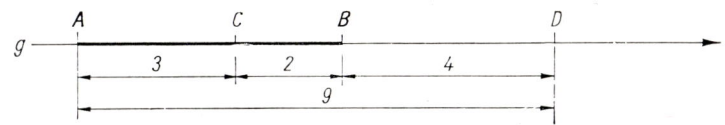

Bild 7 Lage von vier Geradenpunkten, zur Bildung des Doppelverhältnisses

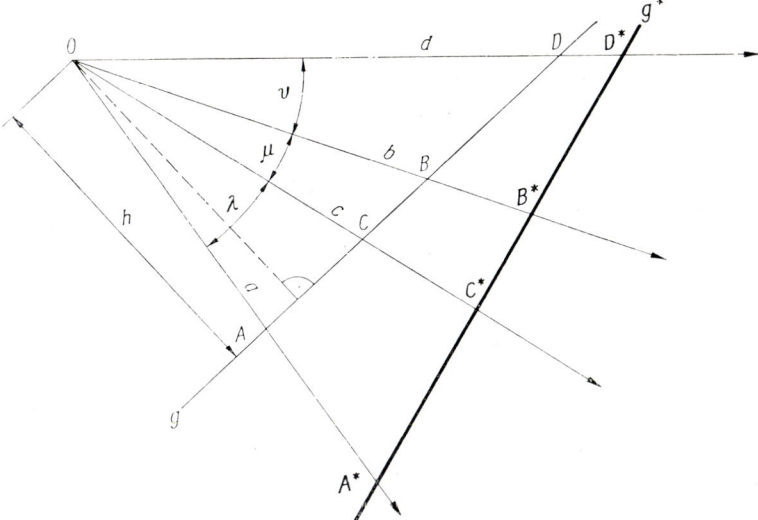

Bild 8 Lage von vier Strahlen durch einen Punkt, zur Bildung des Doppelverhältnisses

2. Beeinflussungsfaktoren der perspektiven Abbildung

Nach der räumlichen Darstellung des Entstehungsvorgangs einer perspektiven Abbildung (s. Bild 2) soll nun die konstruktive Bearbeitung auf der Zeichenebene behandelt werden.

Zur Abbildung gelangt ein quaderförmiger Baukörper, der auf der Grundebene steht, die Bildebene berührt und eindeutig in seinen Abmessungen bekannt ist. Der Abbildungsvorgang selbst wird im Abschn. 3.1.1. erläutert.

Wird bei einer perspektiven Abbildung allein nur eine gute bildmäßige Wirkung angestrebt, so läßt sich dieses Ziel häufig nur zu Lasten der Richtigkeit der Annahmen erreichen. Die zeichnerisch erscheinenden Abmessungen eines Baukörpers lassen sich abbildungsmäßig beeinflussen, ohne daß deshalb die perspektive Konstruktion geometrisch falsch wäre.

2.1. Objektlage und Bildebene

Wird ein Baukörper vom gleichen Standpunkt und bei gleicher Horizonthöhe, aber unter verschiedenen Neigungswinkeln des Grundrisses gegen die Basis abgebildet (Bild 9), so ergeben sich verschiedene Erscheinungen der Abbildung.

Lage A des Grundrisses

Bei der Stellung A mit dem Neigungswinkel φ_A ergibt sich eine Abbildung, die den Baukörper kürzer erscheinen läßt, also eine perspektiv-optische Abwertung der Länge, während die Breite bildbestimmend wird.

Lage B des Grundrisses

Bei der Stellung B mit dem Neigungswinkel φ_B ergibt sich eine Abbildung, die den Baukörper länger erscheinen läßt, also eine perspektiv-optische Aufwertung der Länge und demnach bildbestimmend wird, während die Breite abgewertet wird.

Auch die Stellungen C, D, E (Bild 10) mit den Neigungswinkeln von 60°, 45°, 30° werden, da an den Zeichendreiecken vorhanden, häufig bei Einzeldarstellungen verwendet. Aus der Abbildung ist zu erkennen, daß verschiedene Wertigkeiten der perspektiven Abbildung der Längen bzw. der Breiten entstehen; daraus ist zu ersehen, daß der Neigungswinkel nicht schematisch anzunehmen ist, sondern sich nach den Abmessungen des darzustellenden Objekts richtet, sofern keine besonderen Bedingungen an die Abbildung gestellt werden.

Die Anordnung der Bildebene wird im allgemeinen in der Reihenfolge Projektionszentrum–Bildebene–Baukörper angenommen werden. Das bedeutet für die Abbildung, daß sich eine Verkleinerung im Vergleich zu der wahren Größe der Ausgangsmaße des Baukörpers ergeben wird.

Bei einer Anordnung der Bildebene hinter dem Baukörper in der Reihenfolge Projektionszentrum–Baukörper–Bildebene wird sich demzufolge eine Vergrößerung im Vergleich zu der wahren Größe der Ausgangsmaße des Baukörpers ergeben.

Bei einer Anordnung der Bildebene durch den Baukörper werden die Baukörperteile vor der Bildebene in der Abbildung eine stärkere Bedeutung erhalten, weil sie sich zum Bezugsmaß vergrößert zeigen. Es bleibt dem Einzelfall überlassen, zu entscheiden, wo diese Anordnung zu treffen ist; sie wird aber zu den Ausnahmefällen zählen.

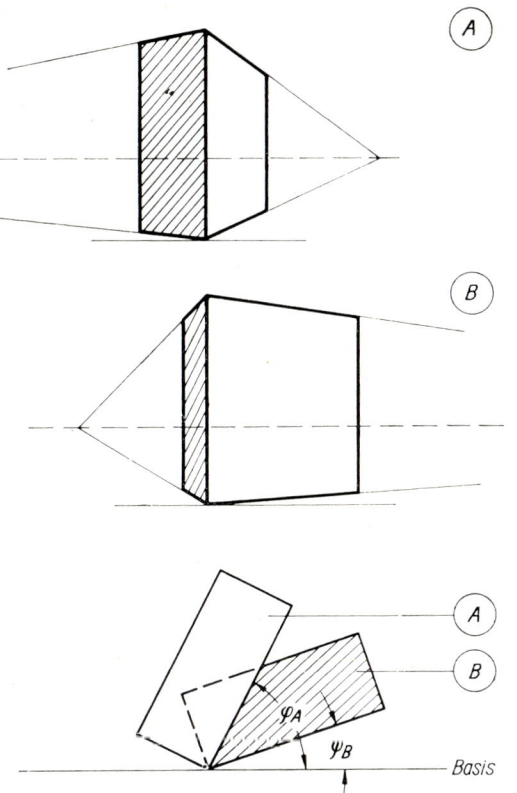

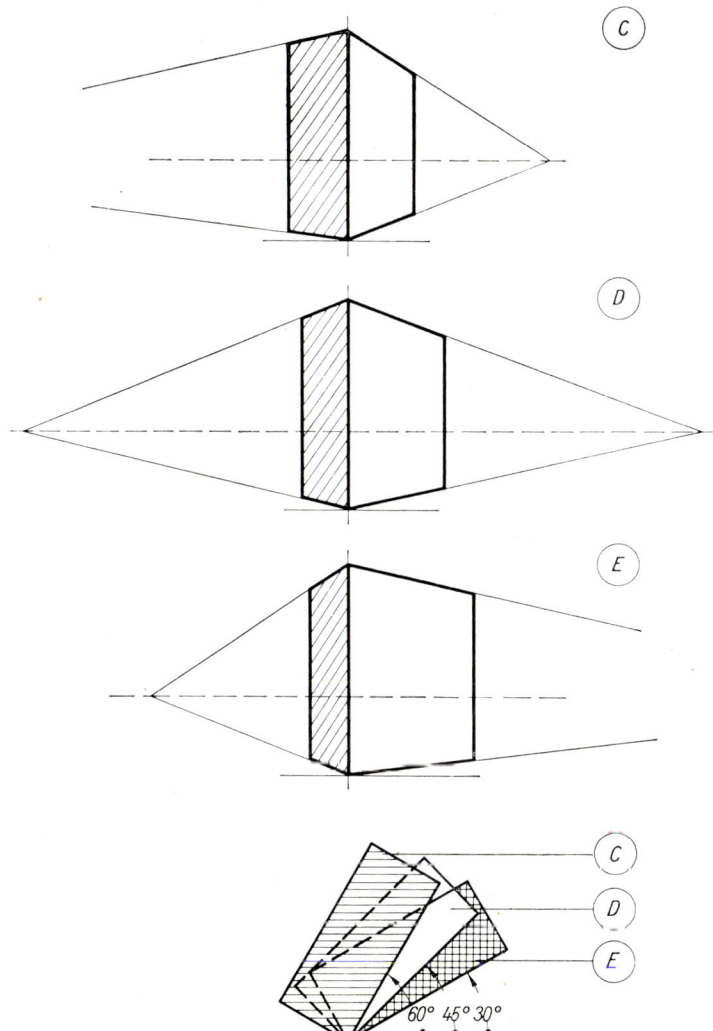

Bild 9 Verschiedene Neigungswinkel eines Grundrisses gegen die Basis bedingen – bei gleichem Standpunkt und gleicher Horizonthöhe – verschiedenartige Erscheinungen der Abbildung

Bild 10 Die an den Zeichendreiecken vorhandenen Winkel schematisch als Neigungswinkel des Grundrisses gegen die Basis zu verwenden führt – bei gleichem Standpunkt und bei gleicher Horizonthöhe – zu verschiedenartigen Erscheinungen der Abbildung

2.2. Standpunkt

Die freie Standpunktwahl für eine perspektive Konstruktion steht in Wechselwirkung zur Wahl der Bildebene und damit zur Neigung des Baukörpers gegen die Bildebene. Im allgemeinen sind folgende Gesichtspunkte zu beachten, wobei die Reihenfolge der Eigenschaften keine ausgesprochene Wertfolge darstellt:

a) *charakteristisch*
b) *anschaulich*
c) *technisch möglich*

Darunter wird im einzelnen, wobei jeder Baukörper durch seine Länge, Breite und Höhe Einfluß auf die Punkte *a* bis *c* ausübt, folgendes verstanden:

Zu a:

Als *charakteristisch* wird man eine perspektive Abbildung bewerten, wenn das „Bestimmende" des Bauobjekts zum Ausdruck kommt; z. B. wird ein Bahnhof mit der Haupteingangsfront abzubilden sein und nicht von der Rückseite, wie ihn der ankommende Reisende erblickt.

Zu b:

Als *anschaulich* wird man eine perspektive Abbildung ansprechen, wenn ihre Länge, Breite und Höhe deutlich unterschieden werden können und sich den baukörpergebundenen Proportionen angleichen.

Zu c:

Technisch möglich ist unter zwei Gesichtspunkten zu sehen, wobei beide zu berücksichtigen sind. Einmal wird darunter derjenige Standpunkt für die Konstruktion verstanden, der für jeden Beschauer des erbauten Objekts unter Berücksichtigung der örtlichen Verhältnisse zugänglich wäre. Erweist es sich aus gewichtigen Gründen als unbedingt nötig, einen nicht jedem Beschauer zugäng-

lichen Standpunkt anzunehmen – es sollte aber der Ausnahmefall sein –, dann gehört es zur Wahrhaftigkeit der Abbildung, dieses auch besonders zu vermerken, z. B. „Standpunkt im zweiten Obergeschoß der Wohnung Bahnhofstraße 9".

Die Freizügigkeit der Standpunktwahl wird, besonders bei Wettbewerben, oft durch einen vorgeschriebenen Standpunkt aufgehoben. Dann gilt allein der zweite Gesichtspunkt des Begriffs „technisch möglich", nämlich die Bedingungen, die für eine verzerrungsfreie Abbildung einzuhalten sind.

Bei den Begriffserläuterungen wurde betont, daß die Perspektive annähernd mit einem monokularen Sehen zu vergleichen ist. Um die Begrenzung des Abbildungsbereichs festzulegen, wird demnach eine Orientierung auf unser Sehen vorzunehmen sein. Wird ein Auge starr auf einen Festpunkt in der Bildebene gerichtet, z. B. den Hauptpunkt, kann nur ein Teil der Bildebene übersehen werden; dieser Gesichtsfeldumriß ist meßbar (Zeiss-Perimeter). Wirklich scharf kann nur ein ganz kleiner Bezirk gesehen werden. Nicht die Unschärfe ist bestimmend für die Abbildungsbegrenzung, sondern die bei etwa 18° bis 20° auftretenden peripheren Verzerrungen, z. B. ein rechteckiger Umriß verzerrt sich zu einem unregelmäßigen Viereck, das bogenförmige Begrenzungsstücke aufweist.

Ein räumliches Objekt wird also dann verzerrungsfrei abbildbar sein, wenn die Projektionsstrahlen, die die abzubildenden Körperpunkte mit dem Projektionszentrum verbinden, untereinander ein Strahlenbündel bilden, das mit dem Hauptstrahl einen Winkel einschließt, der 18° bis 20° nicht übersteigt.

Der geometrische Ort aller dieser Projektionsstrahlen ist ein gerader Rotationskegel (Bild 11), als Sehkegel bezeichnet, dessen Achse der Hauptstrahl bildet, dessen Höhe der Distanz *d* und dessen halbem Öffnungswinkel der Winkel *α* entspricht. Sein Schnittbild mit der Bildebene ist ein Kreis, der Spurkreis des Sehkegels mit dem Mittelpunkt *H*. Alle Durchstoßpunkte vom Projektionsstrahlen, die innerhalb des Spurkreises entstehen, werden im verzerrungsfreien

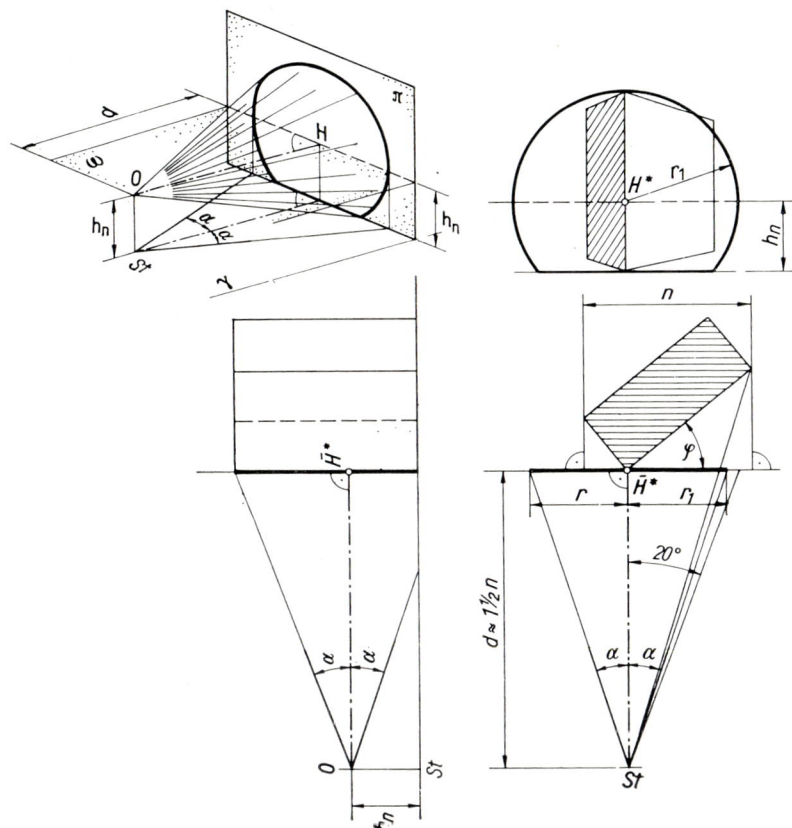

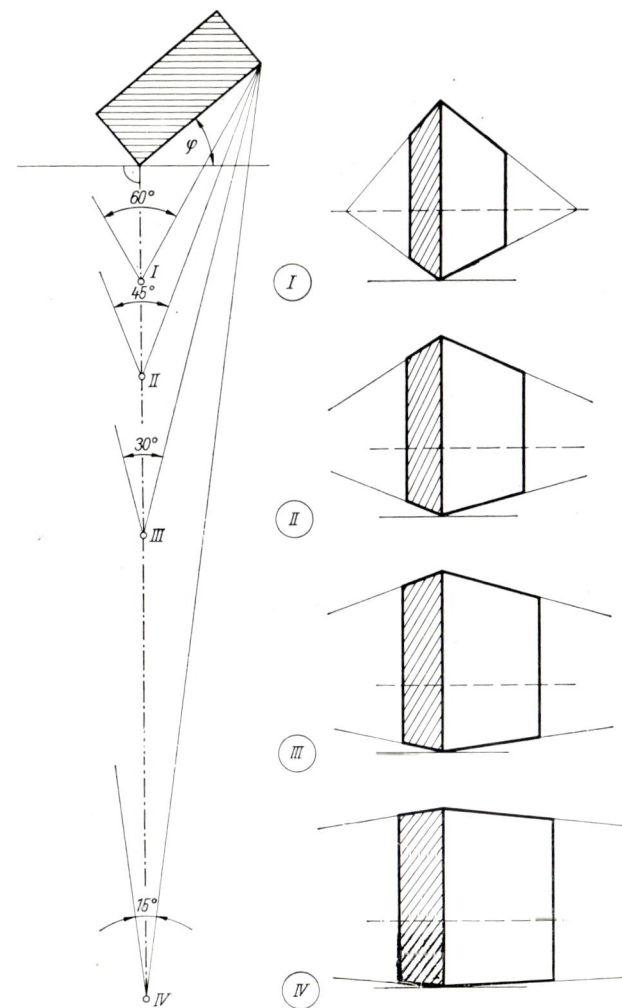

Bild 11 Ermittlung des Spurkreises des Sehkegels

Bild 12 Verschiedene Öffnungswinkel des Sehkegels – bei gleicher Neigung des Grundrisses gegen die Basis und bei gleicher Horizonthöhe – bedingen verschiedene Erscheinungsformen der Tiefendarstellung

Abbildungsbereich liegen. Sein Radius r wird annähernd im Grundriß durch das 1½fache Abtragen der Normalprojektion n des Grundrisses des Baukörpers auf die Basis, im Abtrag auf dem Hauptstrahl als Distanz d, als Kathete des halben Achsenschnitts des geraden Sehkegels, erhalten. Nach Berücksichtigung der Höhe des Baukörpers aus dem Seitenriß ergibt sich der endgültige Standpunkt mit dem entsprechenden Radius bei einem α von 18° bis 20°. Geringfügige Überschreitungen werden eine kaum erkennbare Verzeichnung bedingen und können vernachlässigt werden.

Bei gleichbleibendem Öffnungswinkel und wachsender Distanz wird das Gesichtsfeld größer. Welchen Einfluß der Sehkegel auf die räumliche Wirkung einer perspektiven Abbildung ausübt, sei an dem Beispiel eines Baukörpers gezeigt, der nach vier verschiedenen Öffnungswinkeln des Sehkegels gezeichnet ist: 15°, 30°, 45°, 60° (Bild 12).

Diese verschiedenen Öffnungswinkel, womit auch vier verschiedene Standpunkte bzw. vier verschiedene Distanzgrößen verbunden sind, verändern bei gleichbleibender Horizonthöhe sehr wesentlich

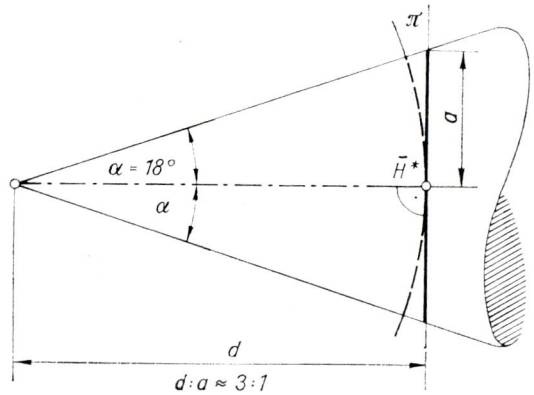

Bild 13 Schematischer Achsenschnitt des Sehkegels

die Tiefendarstellung des Baukörpers. Größere Öffnungswinkel übertreiben, kleinere verflachen den räumlichen Eindruck.

Nun erfolgt die Abbildung im menschlichen Auge auf der Netzhaut, also auf einer gekrümmten Fläche und nicht auf einer Ebene; verallgemeinernd soll angenommen werden, daß der Querschnitt der Netzhaut kreisförmig ist. Daraus ergibt sich die Forderung, die „gekrümmte" Abbildung so auf der Zeichenebene erscheinen zu lassen, daß das Bogenmaß annähernd der Projektion auf der Bildebene entspricht, d. h., daß arc $\alpha \approx \tan \alpha$ wird; das ist bei $\alpha = 18°$ der Fall (Bild 13). Es ist zu erkennen, daß bei $\alpha = 18°$ die Distanz sich zum ebenen Abbild wie $\approx 3:1$ verhält ($\tan \alpha = 0,3249$).

2.3. Horizonthöhe

Bereits unter dem Gesichtspunkt „technisch möglich" wurde gefordert, den Standpunkt so zu wählen, daß er für jeden Beschauer zugänglich sei. Das würde für die Horizontalhöhe – den Abstand des Projektionszentrums von dem auf der Gegenstandsebene befindlichen Standpunkt – bedeuten, daß scheinbar nur die sogenannte *Normalhorizonthöhe* von 1,60 m zur Anwendung gelangen dürfte. Natürliche Gegebenheiten lassen es dessenungeachtet aber zu, beträchtlich von der Normalhöhe abzuweichen, ohne die Forderung nach der Zugänglichkeit des Standpunkts aufzuheben, z. B. kann es sich als notwendig erweisen, einen auf einem Hang stehenden Baukörper oder von einem Hang aus einen tiefstehenden Baukörper abzubilden. Der erste Fall wird einen Horizont unter der Normalhöhe aufweisen; er wird als *Froschperspektive* bezeichnet. Der zweite Fall wird einen Horizont über der Normalhöhe aufweisen; er wird als *Vogelperspektive* bezeichnet.

Das Kriterium bildet demnach das Verhältnis der Horizontalhöhe oder der Horizontalebene zur Normalhöhe von 1,60 m. Welchen Einfluß die Horizonthöhe auf die räumliche Wirkung einer perspektiven

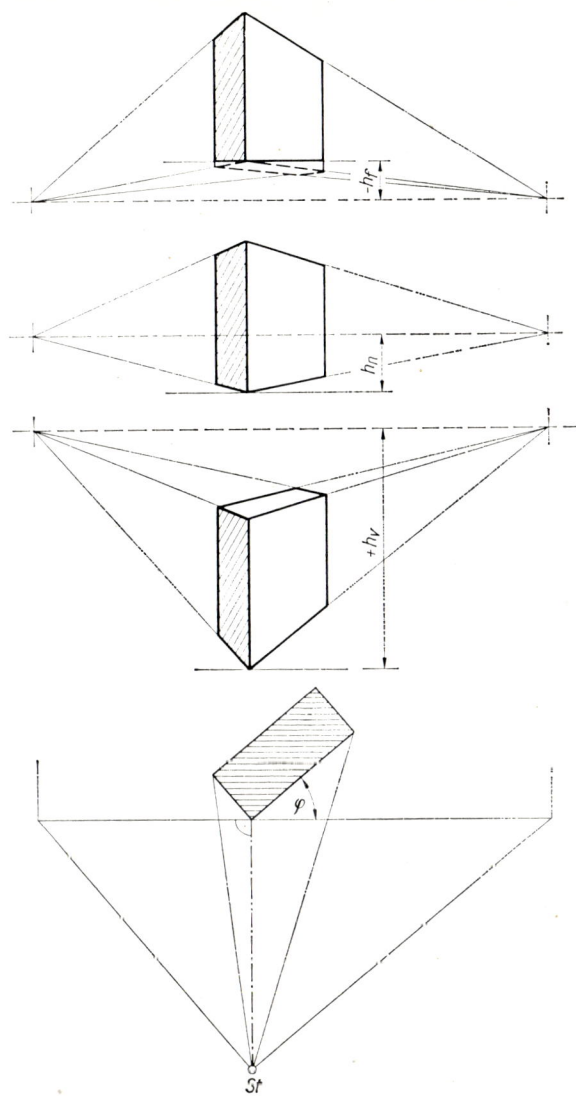

Abbildung ausübt, sei an einem Beispiel eines Baukörpers gezeigt (Bild 14), der vom gleichen Standpunkt *St* und bei gleicher Neigung φ des Grundrisses gegen die Basis gezeichnet ist. Die verschiedenen Horizonthöhen verändern wesentlich die Tiefendarstellung des Baukörpers. Negative Horizonthöhen $(-h_v)$ mindern, positive Horizonthöhen $(+h_f)$ vergrößern den räumlichen Eindruck. Negative Horizonthöhen konzentrieren auf ein Einzelobjekt, positive Horizonthöhen erschließen einen Überblick über eine Objektgruppierung (Übersichtsbild).

Bild 14 Verschiedene Horizonthöhen bedingen – bei gleichem Standpunkt und bei gleicher Neigung des Grundrisses gegen die Basis – verschiedene Erscheinungsformen der Tiefendarstellung.

Froschperspektive: $-h_f$; Normalperspektive: h_n; Vogelperspektive: $+h_v$

3. Konstruktion eines perspektiven Abbilds

Nachdem die allgemeingültigen Gesetzmäßigkeiten, die zu einer perspektiven Abbildung führen, herausgestellt worden sind, kann das perspektive Abbild selbst nach verschiedenen Verfahren ermittelt werden. Dabei wird die Lage der Bildebene zur Grundebene die zwei Hauptabbildungsmöglichkeiten bestimmen, nämlich die Abbildung auf lotrechter bzw. auf geneigter Bildebene.

3.1. Perspektive Abbildung auf lotrechter Bildebene

Die Stellung der Bildebene von 90° gegen die Grundebene bildet den häufigsten Fall der konstruktiven Anwendung. Dabei werden die Gegebenheiten des abzubildenden Objekts und der Zweck der Darstellung bestimmend für die Wahl des Abbildungsverfahrens sein.

3.1.1. Durchstoßverfahren

Zur Abbildung gelangt ein quaderförmiger Baukörper, der auf der Grundebene steht, die Bildebene nicht berührt und eindeutig in seinen Rissen bekannt ist. Zunächst werden alle Überlegungen und Annahmen in der grundrißmäßigen Abbildung vorgenommen (Bild 15). Der Grundriß wird derart über Eck gegen die Basis der Bildebene angeordnet, daß der Neigungswinkel φ der Länge gegen die Basis zwischen 30° und 45° liegt. Der Standpunktabstand von der Bildebene wird überschläglich so ermittelt, daß die Normalprojektion des Grundrisses auf die Basis = n, etwa 1½mal aufgetragen, zur Distanz d wird; das ergibt einen Öffnungswinkel des Sehkegels

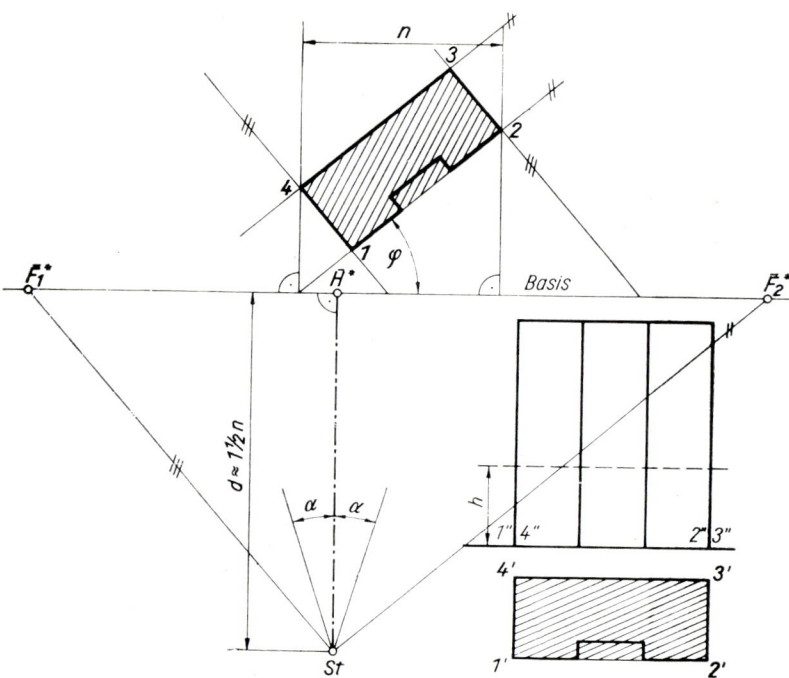

Bild 15 Perspektive Bestimmungsstücke für das Durchstoßverfahren
St Standpunkt; *H* Hauptpunkt; F_1 und F_2 Fluchtpunkte

von 2α. Diese Annahmen (φ, d, 2α) sind im Abschn. 2. ausführlich bewertet worden.

Nun werden der Hauptpunkt und die beiden Fluchtpunkte konstruiert. Der Durchstoßpunkt der Abstandsgeraden des Projektionszentrums von der Bildebene ergibt den Hauptpunkt, der sich im Grundriß als Schnitt der Normalen von St zur Basis ergibt und $\overline{H^{\star}}$ genannt wird. Die Fluchtstrahlen durch das Projektionszentrum parallel zu den Geradenpaaren $\overline{1\,2}$ und $\overline{3\,4}$ bzw. $\overline{1\,4}$ und $\overline{2\,3}$, die zu den unendlich fernen Punkten der Geraden weisen, ergeben in den Durchstoßpunkten mit der Bildebene die Fluchtpunkte. Im Grundriß werden sie erhalten, indem die Parallelen zu den Grundrißprojektionen der genannten Geradenpaare durch St gezeichnet und mit der Basis geschnitten werden.

Die erhaltenen Punkte $\overline{F_1^{\star}}$ bzw. $\overline{F_2^{\star}}$ sind grundrißmäßige Abbildungen der Fluchtpunkte, die wie der Hauptpunkt im perspektiven Abbild auf dem Horizont liegen. Die Konstruktion der Durchstoßpunkte der Projektionsstrahlen mit der Bildebene wird wiederum im Grundriß begonnen (s. Bild 16). Die Punkte 1 bis 4 werden mit St verbunden – diese Verbindungslinien stellen die grundrißmäßige Abbildung der Projektionsstrahlen vom Projektionszentrum zu den Raumpunkten des Objekts dar – sie schneiden die Basis in den Punkten $\overline{1^{\star}}$ bis $\overline{4^{\star}}$ – diese Punkte sind die Grundrisse der Durchstoßpunkte, die in der Raumlage allerdings verschiedene Abstände von der Grundebene aufweisen.

Zur Übertragung der konstruierten Grundrißpunkte in die perspektive Abbildung ist es zweckmäßig, diese über oder unter dem Grundriß anzuordnen, damit eine direkte Projektion vorgenommen werden kann. Der Horizont wird parallel zur Basis im vorgegebenen Abstand h der Horizonthöhe gezeichnet; Hauptpunkt und Fluchtpunkte werden auf den Horizont projiziert. Günstig ist es, mit der Einzeichnung des perspektiven Grundrisses des Baukörpers – schraffierte Fläche, begrenzt durch die Punkte 1 bis 4 – zu beginnen und

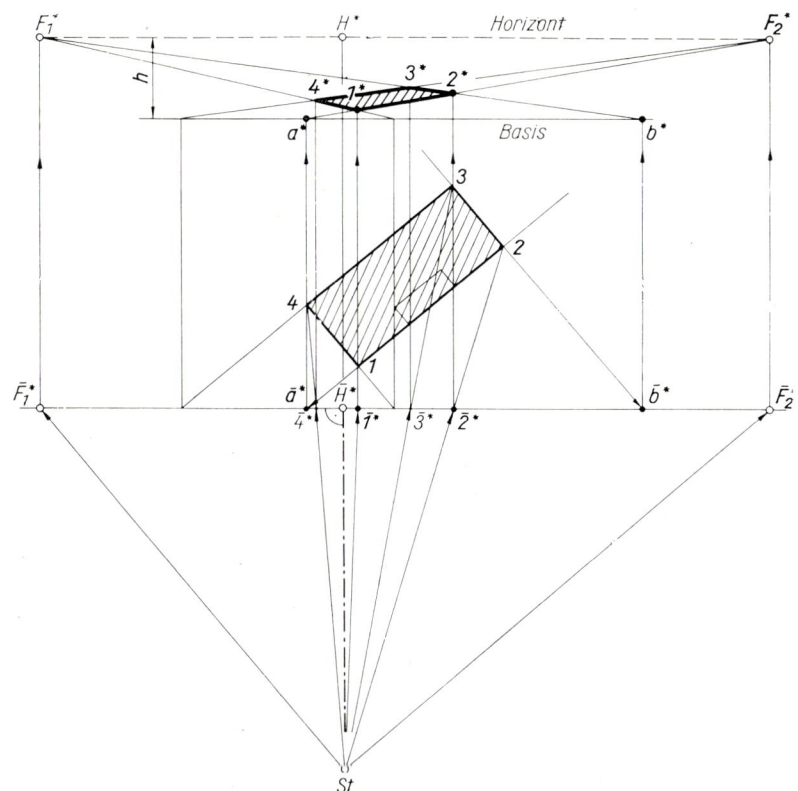

Bild 16 Perspektiver Grundriß eines Objekts

darauf die Höhen aufzubauen. Zuerst die waagerechte Gerade *1* nach *2*. Dazu denkt man sich durch die Vorderfront des Baukörpers eine Ebene gelegt, die sich im Grundriß als Verlängerung von $\overline{1\ 2}$ abbildet.

Diese Hilfsebene wird mit der Bildebene einen Schnitt eingehen; ihre Schnittfigur wird eine Gerade sein. Da sowohl die Bildebene als auch die Hilfsebene lotrecht zur Grundebene stehen, wird sich ihre Schnittgerade als eine Lotrechte zur Grundebene ergeben, deren Grundrißabbildung sich zum Punkt $\bar{a}^{\star}$ reduziert. Im perspektiven Abbild wird die Schnittgerade als eine Normale in $a^{\star}$ zur Basis erscheinen, und da sie in der Bildebene liegt, werden die auf ihr liegenden Strecken in wahrer Größe abgebildet (Bild 17).

Die Orientierung von $a^{\star}$ nach dem zugehörigen Fluchtpunkt F_2 ergibt die perspektive Lage der Geraden. Die Begrenzungspunkte *1* und *2*, deren Durchstoßpunkte $1^{\star}$ und $2^{\star}$ im Grundriß auf der Basis liegen, werden auf die fluchtpunktorientierte Gerade projiziert und ergeben das perspektive Abbild von $1^{\star}$ und $2^{\star}$. Der gleiche Vorgang wird für $\overline{2\ 3}$ mit $b^{\star}$, $\overline{3\ 4}$ mit c und $\overline{4\ 1}$ mit $d^{\star}$ wiederholt und bietet gleichzeitig eine Kontrolle für die Zeichengenauigkeit. Das Ergebnis ist der perspektive Grundriß des Baukörpers mit den Punkten $1^{\star}$ nach $4^{\star}$ (schraffiert eingezeichnet). In den Eckpunkten $1^{\star}$ und $2^{\star}$ werden Normale zum Horizont errichtet und darauf die perspektiv verkürzten Höhen dieser Vorderfront des Baukörpers übertragen. Die wahre Größe dieser Höhe ist die Strecke $\overline{1''\ 5''}$, dem Aufriß des Baukörpers entnommen; sie wird auf der Senkrechten in $a^{\star}$ von der Basis aus abgemessen – deshalb auch die Bezeichnung dieser Geraden als $M = $ Meßkante – und ihr Endpunkt $5''$ nach dem Fluchtpunkt F_2 orientiert; parallele Geraden haben ja denselben Fluchtpunkt. Im Schnitt mit den Normalen in $1^{\star}$ bzw. $2^{\star}$ ergibt sich die perspektiv verkürzte Höhe der Vorderfront des Baukörpers in den Punkten $5^{\star}$ bzw. $6^{\star}$. Der gleiche Vorgang wird für die Eckpunkte $3^{\star}$ bzw. $4^{\star}$ wiederholt und bietet gleichzeitig eine

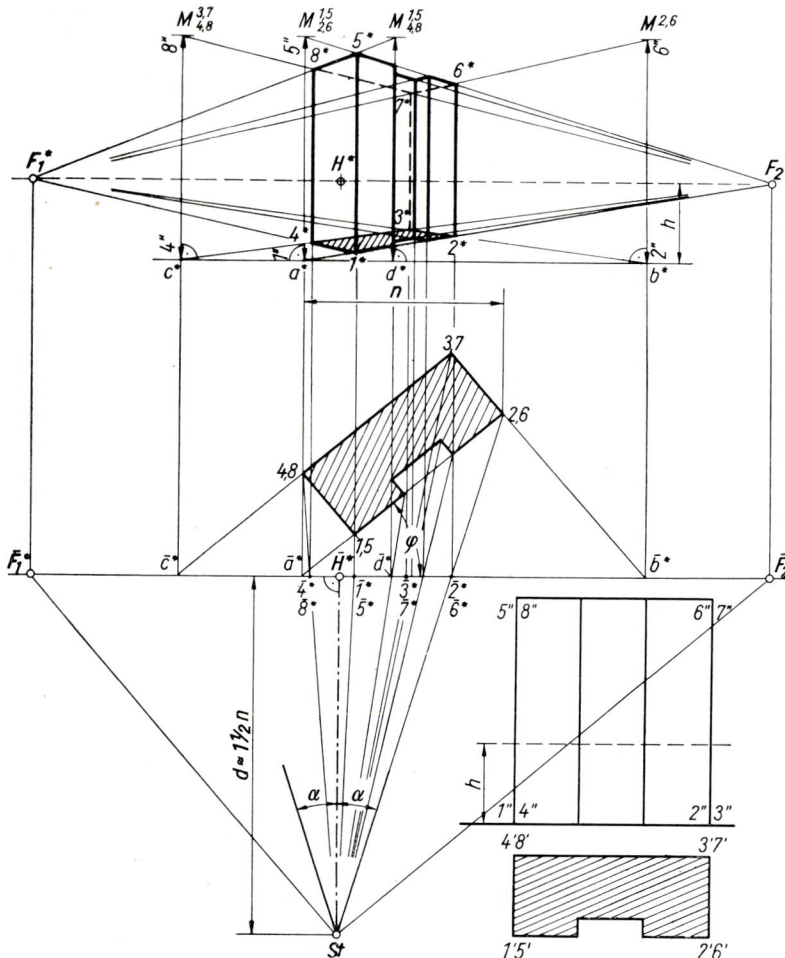

Bild 17 Perspektive Höhen eines Objekts

Kontrolle für die Zeichengenauigkeit. Das Ergebnis ist die perspektive Abbildung des quaderförmigen Baukörpers.

Der Rücksprung in der Vorderfront wird nach den gleichen Überlegungen gefunden. Die konstruktive Lösung ist aus der Zeichnung zu ersehen.

Zusammengefaßter Konstruktionsgang

- Annehmen   Objektlage und Bildebene Standpunkt Horizont
- Bestimmen   Hauptpunkt und Fluchtpunkte grundrißmäßig Durchstoßpunkte
- Auftragen   Basis und Horizont
- Übertragen   Hauptpunkt und Fluchtpunkte
- Konstruieren   perspektive Höhen der Durchstoßpunkte

3.1.2.   Analytisches Verfahren

Bei tiefräumigen Objekten, Brückenbauten, im Straßen- und Autobahnbau usw. wird sich wegen der auftretenden Schleifschnitte nicht immer die gewünschte Zeichengenauigkeit erreichen lassen. Deshalb wird ein anderes Verfahren – die rechnerische Bildpunktbestimmung – zur Anwendung gebracht, die bereits 1759 von *Johann Heinrich Lambert* in seiner berühmt gewordenen Schrift „Die freye Perspektive..." entwickelt wurde. Aufbauend auf *Lambert*, ist von *Franz* und *Friedrich Fürstweger* 1928 die „Herstellung von Perspektiven ohne zeichnerische Konstruktion" veröffentlicht worden; 1937 haben *Freising* und *von Ranke* unabhängig voneinander eine rechnerische Methode im Straßen- und Autobahnbau eingeführt.

Die Vorteile der rechnerischen Bildpunktbestimmung bestehen darin, daß das perspektive Abbild
ohne das Ziehen von langen Projektionsstrahlen und ohne die Einführung von Hilfskonstruktionen

ausgeführt werden kann und daß
die Größe der zeichnerischen Abbildung von dem eigentlichen Zeichenvorgang bekannt ist.

Die mathematische Problemstellung ist mit den geometrischen Begriffen der Zentralprojektion und der Ähnlichkeit gegeben. Zur Erläuterung der Grundgrößen wird ein schematisierter Seitenriß des Abbildungsvorgangs benutzt (Bild 18).

Das abzubildende Objekt ist eine Strecke G, die von den Endpunkten *1* und *2* begrenzt wird und die ihrer Lage nach lotrecht zur Grundebene steht. Die Abbildungsebene befindet sich zwischen dem Projektionszentrum und dem Objekt. Die Projektionsstrahlen durchstoßen die Bildebene in den Punkten *1** und *2**, deren Verbindung g das perspektive Abbild der Strecke G darstellt.

Nach dem Ähnlichkeitsgesetz (Strahlensatz) läßt sich folgende Beziehung ablesen:

Es verhält sich

$$g:G = d:D .\tag{3}$$

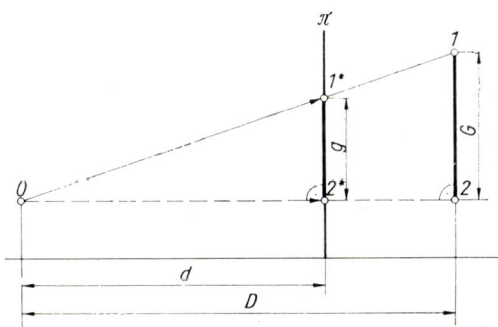

Bild 18 Schematischer Seitenriß des Abbildungsvorgangs für die rechnerische Bildpunktbestimmung

G Objektgröße; *g* perspektive Bildgröße; *d* Distanz; *D* Objektentfernung

Die perspektive Bildgröße beträgt demnach

$$g = d\,\frac{G}{D}. \tag{4}$$

Dabei ist zu erkennen, daß die Distanz d die Rolle eines Vergrößerungs- bzw. Verkleinerungsfaktors für die perspektive Bildgröße darstellt. Bei der Einsetzung von $d = 1$ ergibt sich die Grundformel der rechnerischen Bildpunktbestimmung

$$g = \frac{G}{D}. \tag{5}$$

Daraus ist zu ersehen, daß die perspektive Abbildung g eines Ob-

jekts, der Senkrechten G, um so kleiner wird, je größer die Objektentfernung D wird.

Im allgemeinen werden aber Objekte abzubilden sein, deren Bestimmungsgrößen keine ausgezeichnete Lage zur Bildebene einnehmen. Dann müssen deren Endpunkte orthogonal auf Bezugsebenen projiziert werden, um nach dem Ähnlichkeitsgesetz zu der entsprechenden Abbildung auf der Bildebene zu führen (Bild 19). Das abzubildende Objekt ist eine Strecke, die von den Endpunkten *1* und *2* begrenzt wird und die eine beliebige, allgemeine Lage zur Grund- und Bildebene einnimmt. Durch den Hauptstrahl verläuft die Hori-

Bild 19 Axonometrische Darstellung der perspektiven Abbildung mittels rechnerischer Bildpunktbestimmung

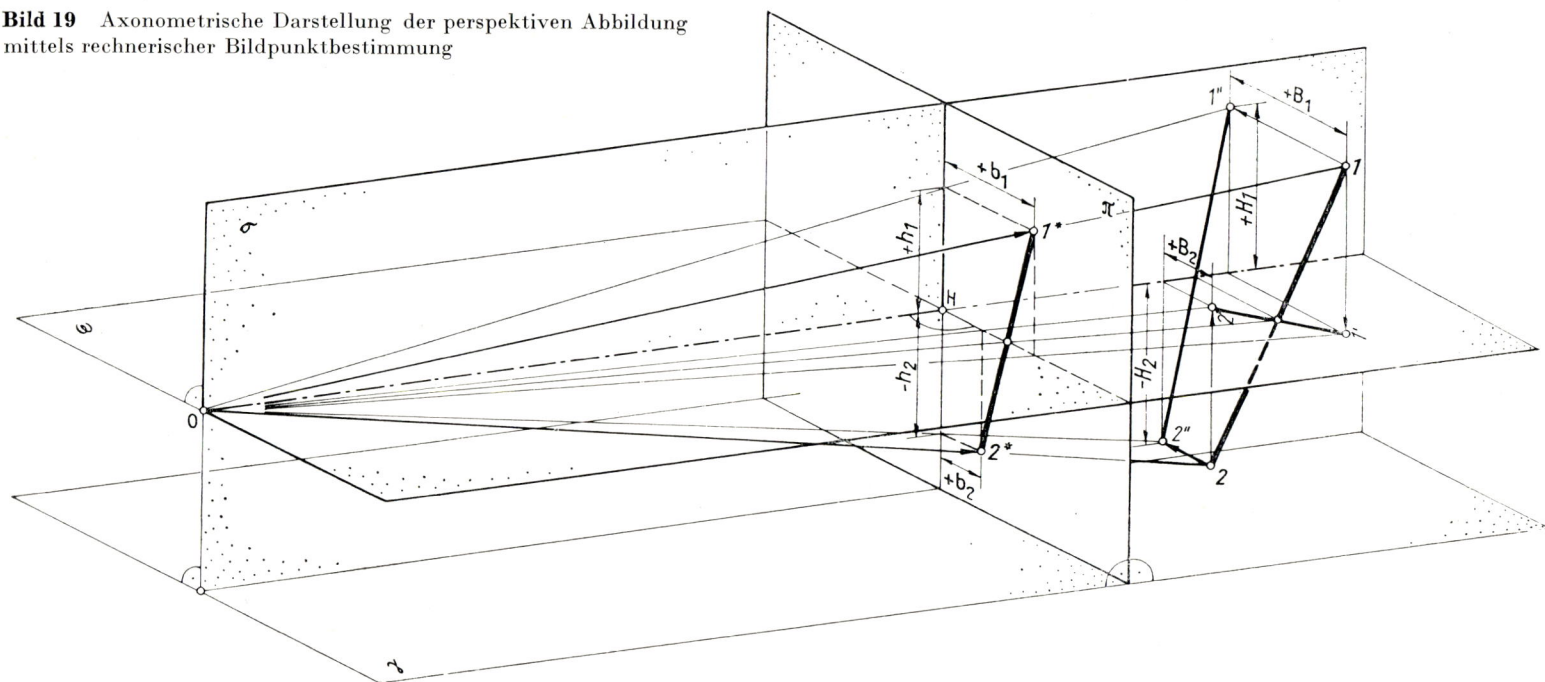

zontalebene ω parallel zur Grundebene γ. Normal zur Horizontalebene wird eine Hilfsebene σ angenommen, deren entstehende Schnittgerade mit der Horizontebene durch den Hauptstrahl verlaufen soll. Die Schnitte der Horizont- und Hilfsebene mit der Bildebene π werden sich auf der Bildebene als zwei aufeinander senkrecht stehende Geraden ergeben, deren Schnittpunkt der Projektion des Projektionszentrums O auf die Bildebene, also dem Hauptpunkt, gleichzusetzen ist; der Hauptstrahl steht ja auf der Bildebene senkrecht. Nun werden die Endpunkte 1 und 2 auf die Horizont- bzw. Hilfsebene orthogonal projiziert; dann entspricht die Horizontebene der Grundrißebene, die Hilfsebene der Aufrißebene in der orthogonalen Zweitafelprojektion.

Aus Grund- bzw. Aufrißebene werden die Abstände der projizierten Punkte herausgemessen und mit den ebenfalls ermessenen Abständen vom Projektionszentrum nach der Grundformel Gl. (5) zu Koordinaten der Abbildungspunkte umgerechnet. Das rechtwinkelige Koordinatensystem ist durch die Schnittgeraden der Horizontebene und der zu ihr normal stehenden Hilfsebene auf der Abbildungsebene π gegeben.

Aus der Raumskizze ist die Ähnlichkeitsbeziehung zu ersehen, wie sie in Bild 18 aufgestellt wurde. Alle Raumpunkte, die rechts von der Hilfsebene liegen, werden mit einem + versehen, alle Raumpunkte links mit einem —, alle Raumpunkte, die oberhalb der Horizontebene liegen, mit einem +, alle Raumpunkte unterhalb mit einem —, z. B. hat der Raumpunkt 2 einen positiven Abstand von der Hilfslinie ($+B_2$) und einen negativen Abstand von der Horizontebene ($-H_2$). Diese Anordnung dient lediglich dazu, um eine Orientierung auf den Hauptpunkt H im Koordinatensystem der Bildebene vornehmen zu können.

Anwendungsbeispiel

Ein quaderförmiges Objekt, das in seinen Rissen gegeben ist, soll zentralperspektiv abgebildet werden (Bild 20). Die Lage des Stand-

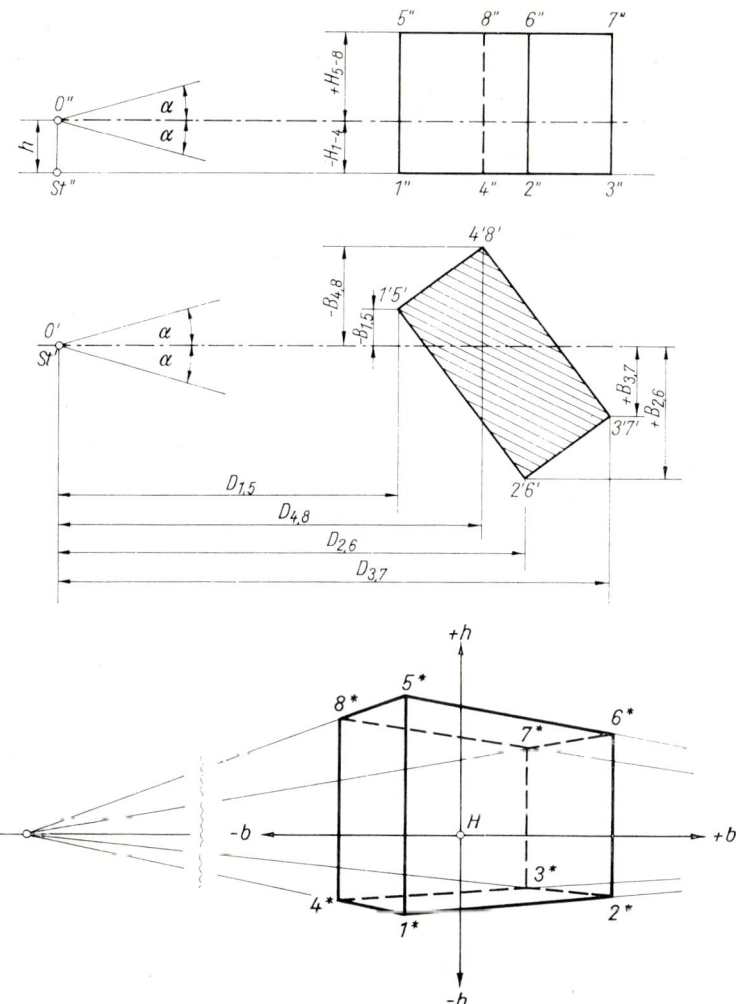

Bild 20 Perspektive Abbildung mittels rechnerischer Bildpunktbestimmung

27

punktes ist nach den Gesetzmäßigkeiten für eine verzerrungsfreie Abbildung zu wählen, also mit einem Öffnungswinkel des Sehkegels von $2\alpha \approx 36°$ bis $40°$. Die gemessenen Werte D, B und H, je nach ihrer Lage mit einem Vorzeichen versehen, werden in eine Arbeitstabelle (Tafel 1) eingetragen und dann die $\pm b$- und $\pm h$-Werte errechnet.

Zu diesem Zweck wird die Grundformel abgewandelt in

$$b = \frac{1}{D} B \qquad (6)$$

bzw.

$$h = \frac{1}{D} H . \qquad (7)$$

Das Abmessen erfolgt vorteilhaft im Millimetermaß, also unter Auslassung des Darstellungsmaßstabs. In der Rechnung kürzen sich Längengrößen und Maßstäbe weg, für b und h ergeben sich reine Verhältniswerte. Da somit die Größenordnung nicht ins Gewicht fällt, ist es empfehlenswert, gleich mit $1000/D$ zu rechnen, weil

dieser Wert in fast allen Zahlentafeln angegeben ist und nur abgelesen zu werden braucht. Mit dem Rechenstab werden die Multiplikationen ausgeführt und in die Arbeitstabelle (s. Tafel 1) eingetragen.

Um beim zeichnerischen Auftragen die gewünschte Größe der Abbildung zu erhalten, werden die größten $+b$- und $-b$-Werte ohne Rücksicht auf ihre Vorzeichen addiert, genauso wird mit den $+h$- und $-h$-Werten verfahren. Damit sind die maximalen Abmessungen des perspektiven Abbildes gefunden. Um die gewünschte Zeichengröße zu erhalten, werden alle b- und h-Werte mit dem gleichen Faktor erweitert, und dann wird das Auftragen im rechtwinkeligen Koordinatensystem vorgenommen. Die zusammengehörigen Punkte werden miteinander verbunden und die Sichtbarkeitsverhältnisse festgelegt. Zu Kontrollzwecken können die entsprechenden Tiefenlinien verlängert werden. Bei genauer Zeichnung werden sie sich in einem Fluchtpunkt treffen, wobei dieser Fluchtpunkt zur eigentlichen Konstruktion gar nicht gebraucht wird.

Tafel 1 Arbeitstabelle zur rechnerischen Bildpunktbestimmung

Nr.	D	B	H	$\dfrac{1000}{D}$	$b = \dfrac{1000}{D} B$	$h = \dfrac{1000}{D} H$	Anmerkung
1	64	— 7	—10	15,625	109,4	156,3	Grundfläche
2	88	+25	—10	11,364	284,1	113,6	
3	104	+13,5	—10	9,615	129,8	96,2	
4	80	—19	—10	12,500	237,5	125,0	
5	64	— 7	+17	15,625	109,4	265,6	Deckfläche
6	88	+25	+17	11,364	284,5	193,2	
7	104	+13,5	+17	9,615	129,8	163,5	
8	80	—19	+17	12,500	237,5	212,5	

Zusammengefaßter Konstruktionsgang

- **Annehmen**   Standpunkt
                       Horizont
- **Abmessen**   Punktabstände
- **Errechnen**   Koordinaten der Abbildungspunkte
- **Auftragen**   errechnete Koordinaten im Achsenkranz

3.1.3.   Teilpunktverfahren

Das Besondere am Teilpunktverfahren besteht darin, daß die perspektive Verkürzung von Strecken durch Teilpunkte vorgenommen wird (Bild 21).

     Die Standpunktwahl richtet sich nach den Gesetzmäßigkeiten für eine verzerrungsfreie Abbildung. Die ermittelte Distanz wird Radius eines Halbkreises (des Distanzkreises) mit dem Mittelpunkt M_r, der geometrischer Ort für alle Standpunkte ist. Auf der Kreisperipherie wird nach den im Abschn. 2.2. erläuterten Gesichtspunkten der endgültige Standpunkt für die Konstruktion gewählt. Der Durchmesser des Halbkreises, der dem Horizont entspricht, wird von dem Distanzkreis in zwei Punkten geschnitten, den Fluchtpunkten $\overline{F}_1^*$ und $\overline{F}_2^*$; diese wiederum sind Mittelpunkte von Kreisbögen mit den Radien F_1St bzw. F_2St, deren Schnittpunkte ihrerseits mit dem Horizont die beiden Teilpunkte $\overline{T}_1^*$ und $\overline{T}_2^*$ ergeben.

     Die Verbindungslinien vom Standpunkt nach den Fluchtpunkten sind parallel zu den aufeinander normal stehenden Bestimmungsrichtungen des abzubildenden Grundrisses (Länge und Breite bilden einen rechten Winkel), demzufolge wird der Winkel bei St ein rechter sein (Satz des *Thales*). Vom Horizont aus wird die gewählte Horizonthöhe h abgetragen und damit die Basis erhalten.

     Zur Festlegung der perspektiven Richtung der Strecke AB wird diese durch eine projizierende Hilfsebene mit der Bildebene in Verbindung gebracht; es ergibt sich der Schnittpunkt 1^* (ausführliche Erläuterung des Raumvorgangs im Abschn. 3.1.1.).

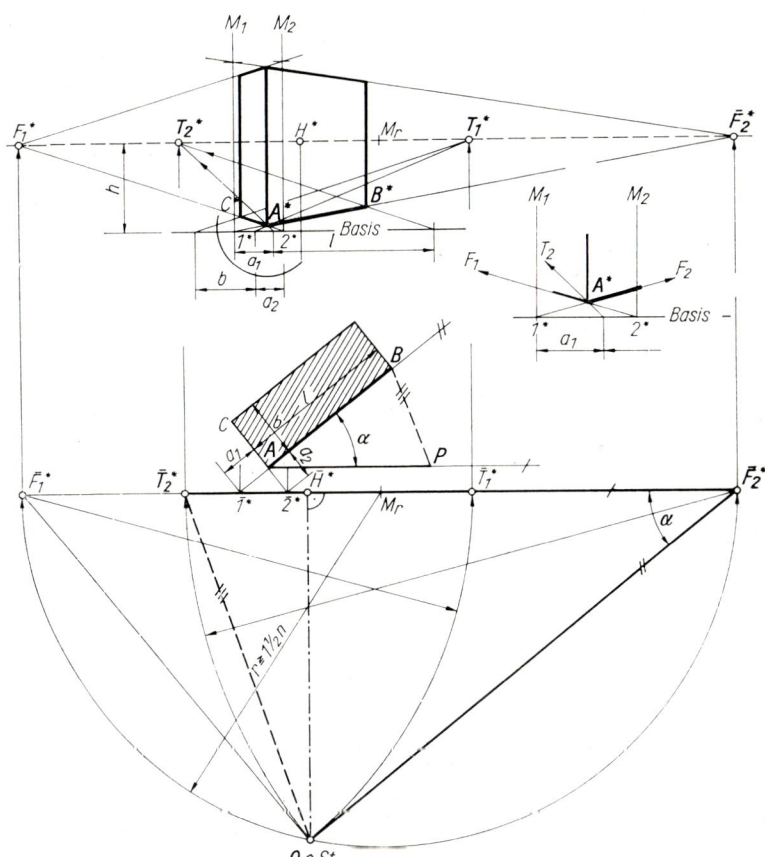

Bild 21   Perspektive Bestimmungsstücke und Abbildung nach dem Teilpunktverfahren

T_1 und T_2 Teilpunkte

Auf der Basis erscheint dieser Punkt als $1^\star$, dessen Verbindung mit dem Fluchtpunkt F_2^* die perspektive Orientierung der Strecke AB darstellt.

Nun werden die aus dem Grundriß ermessenen Werte $\overline{1^\star A} = a_1$, $AB = l$ von $1^\star$ aus auf der Basis nach rechts aufgetragen und deren Endpunkte mit dem Teilpunkt T_2^* verbunden. Die Verbindungslinien schneiden die fluchtpunktorientierte Gerade in den gesuchten Punkten $A^\star$ und $B^\star$.

Genauso wird mit der Strecke AC verfahren. Die ermessenen Grundrißwerte $2^\star A = a_2$, $AC = b$ werden auf der Basis von $2^\star$ aus nach links aufgetragen und deren Endpunkte mit dem Teilpunkt T_1^* verbunden. Die Verbindungslinien schneiden die fluchtpunktorientierte Gerade in den gesuchten Punkten $A^\star$ (Kontrolle) und $C^\star$. Die Meßkanten in $1^\star$ und $2^\star$, M_1 und M_2 sind Träger der wahren Höhe des Objekts; ihre Orientierung erfolgt nach den jeweiligen Fluchtpunkten (ausführliche Erläuterung des Raumvorgangs im Abschn. 3.1.1.).

Die geometrischen Grundlagen des Teilpunktverfahrens sind durch ähnliche gleichschenklige Dreiecke gegeben.

Wird z. B. die durch $O \triangle St$ gehende Parallele zu AB in der Horizontebene von $\overline{F}_2^*$ aus dem Horizont abgetragen (Bild 21), entsteht das gleichschenklige Dreieck $O\overline{F}_2^*\overline{T}_2^*$, weil Horizontebene und Grundebene parallel sind. Für den Grundriß gilt, Horizontlinie und Basis sind deckungsgleich.

Nun wird zu dem Dreieck $O\overline{F}_2^*\overline{T}_2^*$ ein ähnliches Dreieck entstehen wenn durch A eine Parallele zur Basis gelegt und von A aus die Strecke AB aufgetragen wird, deren Endpunkt P heißen soll. Dann ist das entstandene Dreieck PAB ein gleichschenkliges und, weil die Dreieckswinkel bei $\overline{F}_2^*$ bzw. A gleich sind, ähnlich dem Dreieck $O\overline{F}_2^*\overline{T}_2^*$; in der perspektiven Abbildung stellt somit $AP = l$ die wahre Länge für die perspektiv verkürzte Strecke $A^\star B$ dar. Dieser grundrißmäßige Vorgang ergibt sich aus der folgenden räumlichen

Anordnung (Bild 22). Das in der Horizontebene liegende Dreieck OF_2T_2 wird um die in der Horizontlinie gelegene Dreiecksseite T_2F_2 in die Bildebene heruntergeklappt. Das in der Grundebene liegende Dreieck PAB wird um die Dreiecksseite AP so hochgeklappt, daß sich seine Ebene in paralleler Lage zur Bildebene befindet, und in dieser Stellung so lange parallel zu sich selbst verschoben, bis es in die Bildebene zu liegen kommt. Beide Dreiecke sind ähnlich, denn

T_2F_2 ist parallel zu $\overline{A}\,\overline{P}$ (Horizontlinie und Basis sind parallel)

$\overline{A}(\overline{B})$ ist parallel zu $(O)F_2$ (beide konvergieren nach F_2)

$P(\overline{B})$ ist parallel zur $(O)T_2$ (beide konvergieren nach T_2).

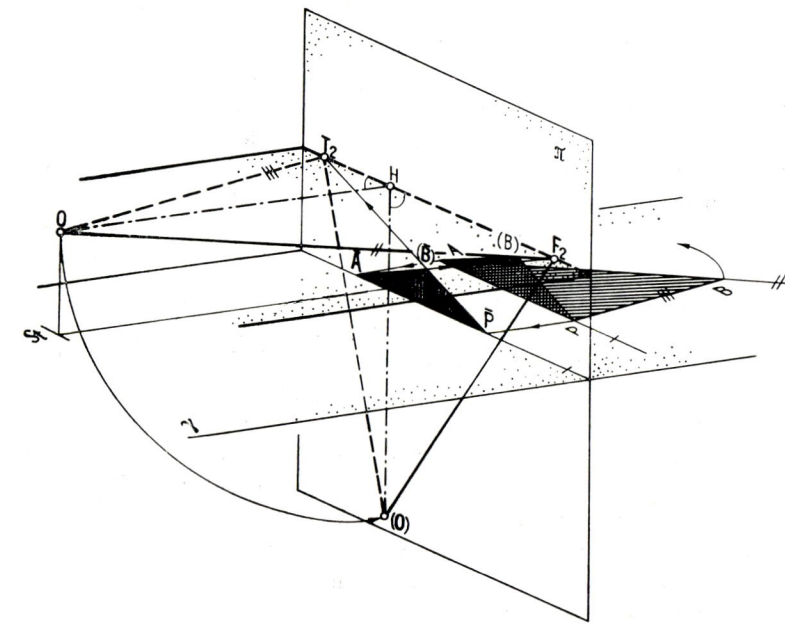

Bild 22   Axonometrische Darstellung der Teilpunkteinführung

Den gleich langen Schenkeln $(O)F_2$ und T_2F_2 entsprechen die ebenfalls gleich langen Schenkel $A(B)$ und AP. Somit läßt sich mittels des Teilpunkts T_2 die wahre Größe der Strecke AP auf die perspektiv orientierte Gerade AF_2 übertragen.

Das Teilpunktverfahren ist besonders für Detaildarstellungen, wie Holzverbindungen, Treppen usw., geeignet; ein weiterer Vorteil ist das direkte Maßabnehmen aus der Grundriß- bzw. Aufrißzeichnung, wobei diese in verschiedenen Maßstäben gezeichnet sein können.

Zusammengefaßter Konstruktionsgang

■ Annehmen   Standpunkt (Distanzkreis)
                      Horizont
■ Bestimmen   Fluchtpunkte
                      Teilpunkte
■ Auftragen   Horizont und Basis
■ Übertragen   Fluchtpunkte
                      Teilpunkte
■ Konstruieren   perspektive Verkürzungen

3.1.4. Distanzpunktverfahren

Die Besonderheit des Distanzpunktverfahrens besteht darin, daß der Wahl der Bildebene Grenzen gesetzt sind. Grundsätzlich wird die Bildebene parallel zur Hauptfront des Objekts gelegt, so daß sich die Auswahl der Bildebenenlage auf eine Parallellage zur Hauptfront beschränkt; deswegen wird dieses Verfahren auch als Frontperspektive bezeichnet.

Selbstverständlich lassen sich auch Objekte abbilden, die nicht diese Besonderheit der Bildebenenlage aufweisen, nur muß dann jeder Punkt einzeln ermittelt werden; der zeichentechnische Aufwand wird verhältnismäßig groß, es bleibt die Frage zu stellen, ob für diese Objektstellung eine Abbildung nach dem Durchstoßverfahren nicht geeigneter erscheint.

Charakteristisch für das Distanzpunktverfahren ist ferner, daß die Konstruktion nur einen zentralen Fluchtpunkt aufweist; der Fluchtpunkt der Tiefen ist der Hauptpunkt der Abbildung, während sich die Breiten parallel zur Basis abbilden, also weder einen Spurpunkt noch einen Fluchtpunkt haben.

Zunächst werden zwei gleich lange parallele Strecken, die in der Grundebene liegen und verschiedene Entfernungen von der Bildebene aufweisen, aber selbst parallel zur Bildebene liegen, abgebildet (Bild 23). Die Standpunktwahl richtet sich nach den Gesetzmäßigkeiten für eine verzerrungsfreie Abbildung; der Horizont wird so gewählt, daß eine ausreichende Aufsicht auf die beiden Geraden erhalten wird.

Im Grundriß wird zuerst der Hauptpunkt bestimmt. Die orthogonalen Projektionen der Streckenendpunkte 1, 3 bzw. 2, 4 auf die Basis ergeben die Fußpunkte der Normalen A bzw. B. Von diesen Punkten werden auf der Basis die Abstände der Punkte 1 bzw. 3 von der Basis aufgetragen, es entstehen $\overline{1}$ bzw. $\overline{3}$. Die Verbindungen von $\overline{1}$ bzw. $\overline{3}$ mit 1 bzw. 3 sind unter $45°$ gegen die Basis geneigt und untereinander parallel. Parallele haben aber einen gemeinsamen Fluchtpunkt, der wiederum durch die Verschiebung der Parallelen durch den Standpunkt, im Schnitt mit der Basis, gefunden wird. Das Dreieck $St\overline{H}^\star\overline{F}^\star$ ist rechtwinklig, mit dem rechten Winkel in $\overline{H}^\star$ und gleichschenklig. Demzufolge ist $H^\star St$ gleich $H^\star F^\star$, das bedeutet, daß die Strecke $H^\star F^\star$ der Distanz der Konstruktion entspricht. Der Fluchtpunkt F wird zum Tiefenmeßpunkt, zum Distanzpunkt D. Selbstverständlich gibt es zwei Distanzpunkte, da die Grundebene noch eine zweite Schar von $45°$-Linien enthält, zur Konstruktion genügt aber ein Distanzpunkt.

Die Bestimmungswerte aus dem Grundriß werden nun in das perspektive Abbild übertragen, dabei wird der Hauptpunkt zum zentralen Fluchtpunkt $Z^\star$, die Strecke $D^\star Z^\star$ entspricht $\overline{H}^\star St = d$. Vom Lotpunkt L von $Z^\star$ auf die Basis werden die Fußpunkte A

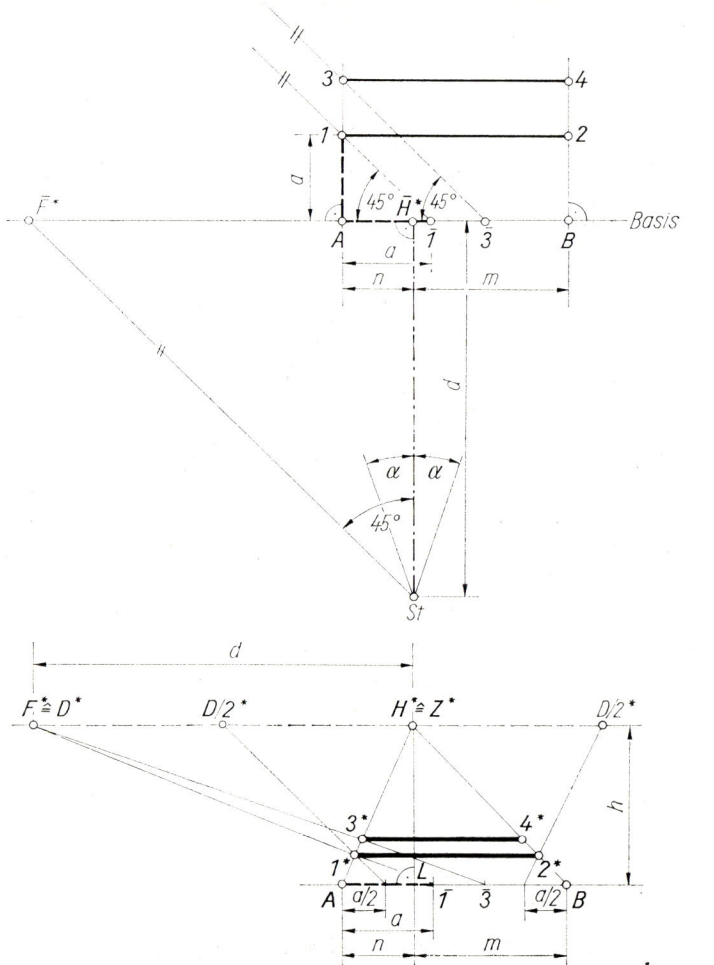

Bild 23 Perspektive Bestimmungsstücke für das Distanzpunktverfahren
D Distanzpunkt; *Z* zentraler Fluchtpunkt

bzw. *B* übertragen, und zwar durch die Strecken *n* bzw. *m*. Da sie in der Bildebene auf der Basis liegen, stellen sie wahre Größen dar. Es soll das perspektive Abbild des Punktes *1*, der Punkt *1**, ermittelt werden. Von *A* wird auf der Basis der Abstand *a* des Punktes *1* von der Basis aufgetragen; das ergibt den Punkt $\overline{1}$. Die Verbindung von $\overline{1}$ mit *D* schneidet die schon vorher gezeichnete Tiefenlinie von *A* nach *Z** in dem gesuchten Punkt *1**.

Die Parallellage der Strecke $\overline{12}$ zur Bildebene bleibt im perspektiven Abbild erhalten, ihr Endpunkt *2** wird durch den Schnitt mit der Tiefenlinie von *B** nach *Z** bestimmt. Die wahre Größe der Ausgangsstrecke $\overline{12}$ entspricht der Strecke *AB*, $\overline{1^\star2^\star}$ stellt ihre perspektive Verkürzung dar. Genauso wird mit der gleich langen Strecke $\overline{34}$ verfahren.

Sollte die zur Verfügung stehende Zeichenfläche ein Auftragen von *D*Z** nicht gestatten, kann auch mit der halben Entfernung *D*Z*/2*, mit dem Punkt *D/2**, konstruiert werden (Teildistanz). Nur ist dann auf der Basis auch *a/2* anzutragen. Im übrigen wird die Konstruktion wie eben beschrieben ausgeführt. Selbstverständlich kann auch die rechte Seite der Zeichnung zur Konstruktion mit *D/2** benutzt werden, dann ist *a/2* vom Fußpunkt *B* abzutragen. Jede andere Teilung der Strecke $\overline{D^\star Z^\star}$ ist auch auf die Teilung der abzubildenden Punktabstände zu übertragen. Die ausreichende zeichentechnische Genauigkeit setzt die Grenzen bei der Wahl der Teilungsverhältnisse.

Mit dem Distanzpunktverfahren werden besonders dann gute räumlich wirkende Abbildungen erzielt, wenn es sich um U-förmige Objektgruppierungen und um Innenräume handelt.

Anwendungsbeispiel – Objektgruppierung

Eine U-förmige Objektgruppe, die in ihren Rissen gegeben ist, soll zentralperspektiv nach dem Distanzverfahren abgebildet werden (Bild 24).

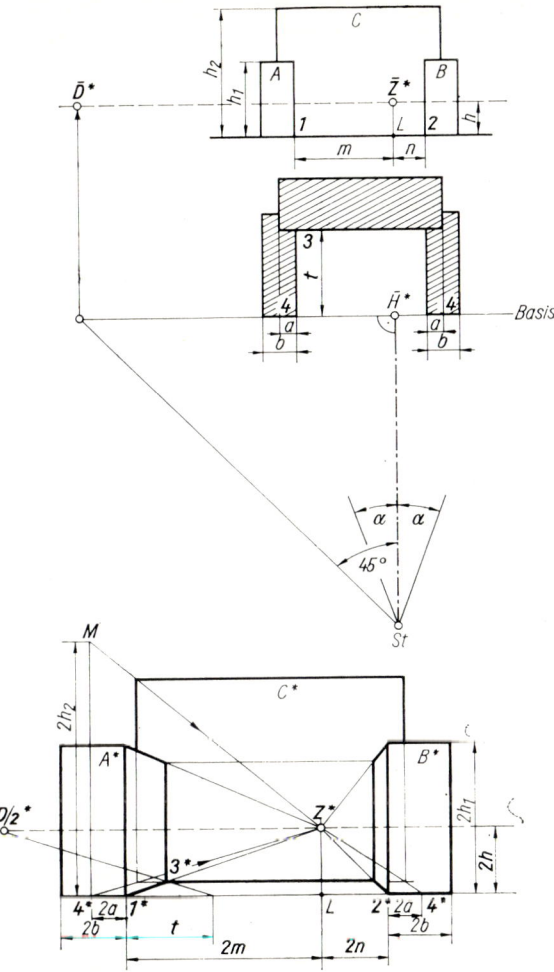

Bild 24 Perspektive Abbildung nach dem Distanzverfahren – Objektgruppierung

Die Lage des Standpunktes ist nach den Gesetzmäßigkeiten für eine verzerrungsfreie Abbildung zu wählen, die Bildebene wird parallel zur Hauptfront des Objekts gelegt. Um eine Symmetrie im perspektiven Abbild zu vermeiden, wird eine außermittige Lage des Standpunktes und damit des zentralen Fluchtpunktes gewählt. Aus dieser Anordnung ergibt sich der Abstand von $\bar{D}^\star$ nach $\bar{Z}^\star$.

Um eine Vergrößerung des perspektiven Abbilds zu erreichen, wurde eine Verdopplung des Abbildungsmaßstabs vorgenommen. Zunächst werden der Horizont mit dem zentralen Fluchtpunkt und die Basis gezeichnet. Der Lotpunkt L von $\bar{Z}^\star$ auf die Basis wird in dem Objektkomplex durch die Strecken m und n festgelegt, beim Übertragen in das perspektive Abbild ist wegen der Maßstabsverdopplung $2m$ und $2n$ aufzutragen; ebenso wird die Horizonthöhe mit $2h$ aufgetragen. Als nächstes ist der Distanzpunkt auf dem Horizont festzulegen. Dem Aufriß (genausogut kann der Grundriß benutzt werden) wird auf dem Horizont (bzw. auf der Basis) die Strecke $D^\star Z^\star$ entnommen und in das perspektive Abbild übertragen, um jetzt als $D^\star/2$ (Maßstabsverdopplung) für die Zeichnung zu gelten. Die Vorderfronten der Objekte A und B liegen in der Bildebene und stellen demnach wahre Abbildungsgrößen dar, d. h., b und h_1 sind maßstabsgerecht als $2b$ und $2h_1$ anzutragen; die zur Bildebene lotrecht und zur Grundebene parallel verlaufenden Begrenzungskanten konvergieren nach dem zentralen Fluchtpunkt. Es gilt, diese Tiefenlinien ihrer Größe t entsprechend perspektiv zu verkürzen. Zu diesem Zweck wird t von $1^\star$ aus nach rechts auf der Basis abgetragen und mit $D^\star/2$ verbunden. Diese Verbindungsgerade schneidet die Tiefenlinie von $1^\star$ nach $Z^\star$ in den gesuchten Punkt $3^\star$. Weil Objekt A die gleiche Größe und die gleiche Lage wie Objekt B hat, können die Tiefenmaße direkt übernommen werden. Die Vorderfront des Hauptkörpers C bildet den Abschluß der U-förmigen Objektanordnung. Ihre Abmessungen sind auf die Bildebene zu beziehen, um sie dort als wahre Größe auftragen zu können, wobei M die bereits bekannte Meßkante darstellt. Die Pfeilrichtungen geben die Orientierung der Fluchtlinien an. Auf die Einzeichnung der unsichtbaren Körperkanten wurde verzichtet, weil sie weder zu Kontrollzwecken gebraucht werden noch einen Einfluß auf die Abbildung ausüben.

Anwendungsbeispiel – Innenraum

Ein Innenraum, der in seinen Rissen gegeben ist, soll zentralperspektiv nach dem Distanzverfahren abgebildet werden (Bild 25). Für die Lage des Standpunktes gilt insofern eine Ausnahme, als der Öffnungswinkel des Sehkegels anstatt mit $2\alpha \approx 36°$ bis $40°$ mit $\approx 45°$ bis $60°$ angenommen werden kann. Diese Annahme wird aus der Tatsache abgeleitet, daß das menschliche Auge die peripheren Randverzerrungen größerer Sehwinkel bei Innenräumen kaum als unangenehm empfindet, weil die Erfahrung des Sehens von Innenräumen vorliegt. Auch fotografische Aufnahmen mit Weitwinkelobjektiven werden daher kaum als störend empfunden.

Die Bildebene liegt parallel zur Hauptfront, quer durch das Objekt. Um eine Symmetrie im perspektiven Abbild zu vermeiden, wird eine außermittige Lage des Standpunktes und damit des zentralen Fluchtpunktes gewählt.

Aus dieser Anordnung ergibt sich der Abstand von $D^\star$ nach $Z^\star$. Da eine Vergrößerung des perspektiven Abbildes beabsichtigt ist, wurde mit $^1/_2$fachem Abbildungsmaßstab gezeichnet, d. h. mit $1{,}5l$; $1{,}5h_1$ usw.

Zunächst werden die Bestimmungsstücke, wie Basis, Horizont, zentraler Fluchtpunkt und Distanzpunkt, wie bereits erläutert, aufgetragen. Auf der Basis werden nun l_1, l_2, h_1 sowie der Türrahmen in wahrer Größe angetragen und die Tiefenlinien nach $Z^\star$ konvergierend gezeichnet. Um die Raumtiefe zu erhalten, sind die Strecken h_1 und b_2 vom Punkt $1^\star$ aus nach links bzw. rechts auf der Basis

Bild 25 Perspektive Abbildung nach dem Distanzpunktverfahren – Innenraum

34

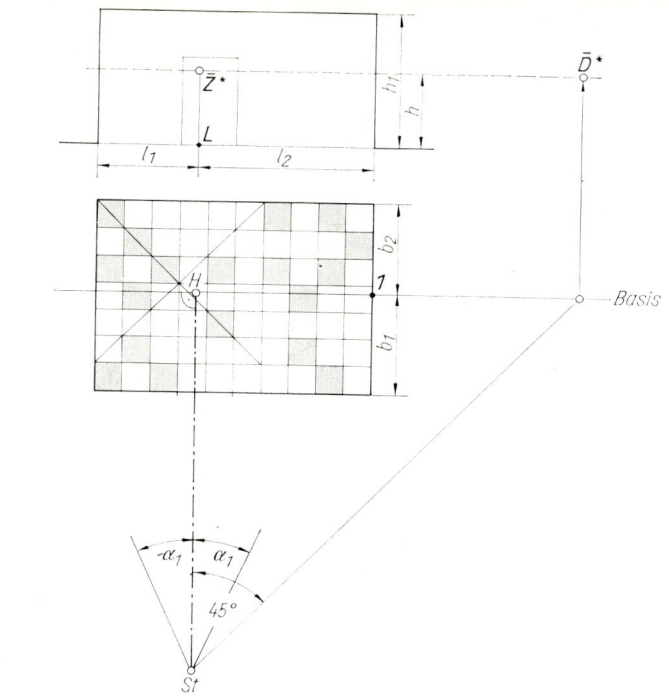

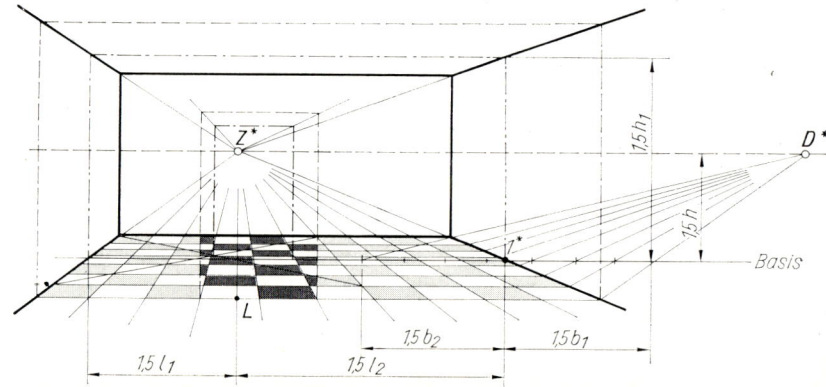

anzutragen und deren Endpunkte mit dem Distanzpunkt zu verbinden. Im Schnitt mit der Tiefenlinie durch $1^\star$ wird die vordere bzw. rückwärtige Raumbegrenzung erhalten. Der in wahrer Größe auf der Basis aufgetragene Türrahmen ist nun auf die vordere Begrenzungswand zu projizieren – mit $Z^\star$ als Projektionszentrum. Sowohl der Türrahmen als auch der Umriß der Begrenzungswand sind strichliert angedeutet. Die Rasterung des Fußbodens, dessen Konstruktion sich aus dem bisher Ausgeführten ergibt, ist vor allem für das Einzeichnen einer Inneneinrichtung von Bedeutung. Es brauchen dann lediglich Höhenabmessungen auf der Basis angetragen und perspektiv an die entsprechende Stelle des Rasters verschoben zu werden. Das Prinzip ist durch die bisherige Konstruktion gegeben.

Zusammengefaßter Konstruktionsgang

■ Annehmen   Standpunkt
                      frontale Bildebene
                      Horizont

■ Bestimmen   zentraler Fluchtpunkt
                      Distanzpunkte

■ Auftragen   Basis und Horizont

■ Übertragen   zentraler Fluchtpunkt

■ Konstruieren   perspektive Verkürzungen

3.2.   Perspektive Abbildung auf geneigter Bildebene

Zur Anlage von Übersichtsbildern, besonders von städtebaulichen Gruppierungen sind, perspektive Abbildungen auf einer geneigten Bildebene, sogenannte Luftbildkonstruktionen, sehr geeignet. Ihre Anschaulichkeit ist dann besonders groß, wenn die Gruppierung Objekte enthält, deren Höhen im Vergleich zum Gesamtkomplex als herausragend anzusehen sind.

Für die Wahl des Standpunktes ergibt sich eine gewisse Großzügigkeit, denn die Forderung nach der freien Zugänglichkeit des Standpunktes wird durch die allseitige Beweglichkeit eines Flugapparats erfüllt, der praktisch jeden gewünschten Standpunkt einnehmen läßt.

3.2.1.   Perspektive Abbildung mit drei Fluchtpunkten

Zur Konstruktion selbst sind zunächst die Bestimmungsstücke in einer gesonderten Zeichnung zu ermitteln (Bild 26). Es wird mit dem über Eck gestellten Grundriß begonnen, von dem das Aufrißbild zu zeichnen ist.

Die mit dem Neigungswinkel φ gegen die Lotrechte geneigte Bildebene sowie das Projektionszentrum O werden nach den Gesetzmäßigkeiten für eine verzerrungsfreie Abbildung gewählt und ebenfalls im Aufriß eingetragen. Da die Blickrichtung schräg abwärts geneigt ist, wird der Hauptstrahl unterhalb des Horizonts die Bildebene im Hauptpunkt $\overline{H}^\star$ durchstoßen.

Die lotrechten Objektkanten sind nun nicht mehr zur Bildebene parallel, sondern konvergieren nach dem Fluchtpunkt der Lotrechten F_l^*. Die zwei horizontalen Hauptrichtungen des Objekts, seine Längen und Breiten, orientieren sich nach F_1^* bzw. F_2^*. Diese drei Fluchtpunkte $F_1^* F_2^* F_l^*$ bilden immer ein spitzwinkliges Dreieck, das sogenannte „Fluchtdreieck", in dem der Hauptpunkt eine ausgezeichnete Lage einnimmt; er ist der Höhenschnittpunkt des Fluchtdreiecks (Bild 27).

Zur Begründung sei gesagt: Der Hauptstrahl $\overline{OH}^\star$ steht auf der Bildebene π senkrecht, somit auch in der Projektion zu jeder Geraden der Bildebene, demnach wird er auch zur Horizontlinie, der Geraden $F_1^* F_2^*$, senkrecht stehen. Ferner ist der Projektionsstrahl OF_1^* zur Horizontebene ω ($\Delta OF_1^* F_2^*$) senkrecht. Demzufolge wird $F_1^* F_2^*$ auf der Ebene senkrecht stehen, die durch die sich schneidenden Geraden $\overline{OH}^\star$ und OF_1^* aufgespannt wird und somit auch auf der Geraden $H^{\star}F_l^*$ dieser Ebene. Ist H_o^* der Schnittpunkt der Spur der projizierenden Ebene durch $OH^{\star}$ mit $F_1^*F_2^*$, so ist $F_l^*F_o^*$ eine Höhe des Fluchtdreiecks.

Aus dieser Erkenntnis wird der Fluchtpunkt der Lotrechten F_l bestimmt, auf ihn sind alle Lotrechten orientiert. Er entsteht als Schnittpunkt der verlängerten Bildebene (s. Bild 26) mit der normal zur Grundebene einfallenden, verlängerten Ordnungslinie durch O. (Ihr Durchstoßpunkt mit der Grundebene ist St). Die Strecke F_lO,

von F_l aus auf dem Seitenrißbild der Bildebene angetragen, ergibt den Teilpunkt der Lotrechten T_l.

Die durch O parallel zur Grundebene γ verlaufende Horizontebene ω schneidet die Bildebene π in einer Geraden, deren Seitenrißbild sich zum Punkt $\bar{H}_o$ reduziert. Im Grundriß erscheint diese Schnittgerade wieder als Gerade – der Horizont – in paralleler Lage zur Grundebene. Die Bildebene selbst schneidet die Grundebene ebenfalls in einer Geraden, auch deren Seitenriß reduziert sich

Bild 26   Perspektive Bestimmungsstücke für die Luftbildkonstruktion mit drei Fluchtpunkten – im Grund- und Seitenriß

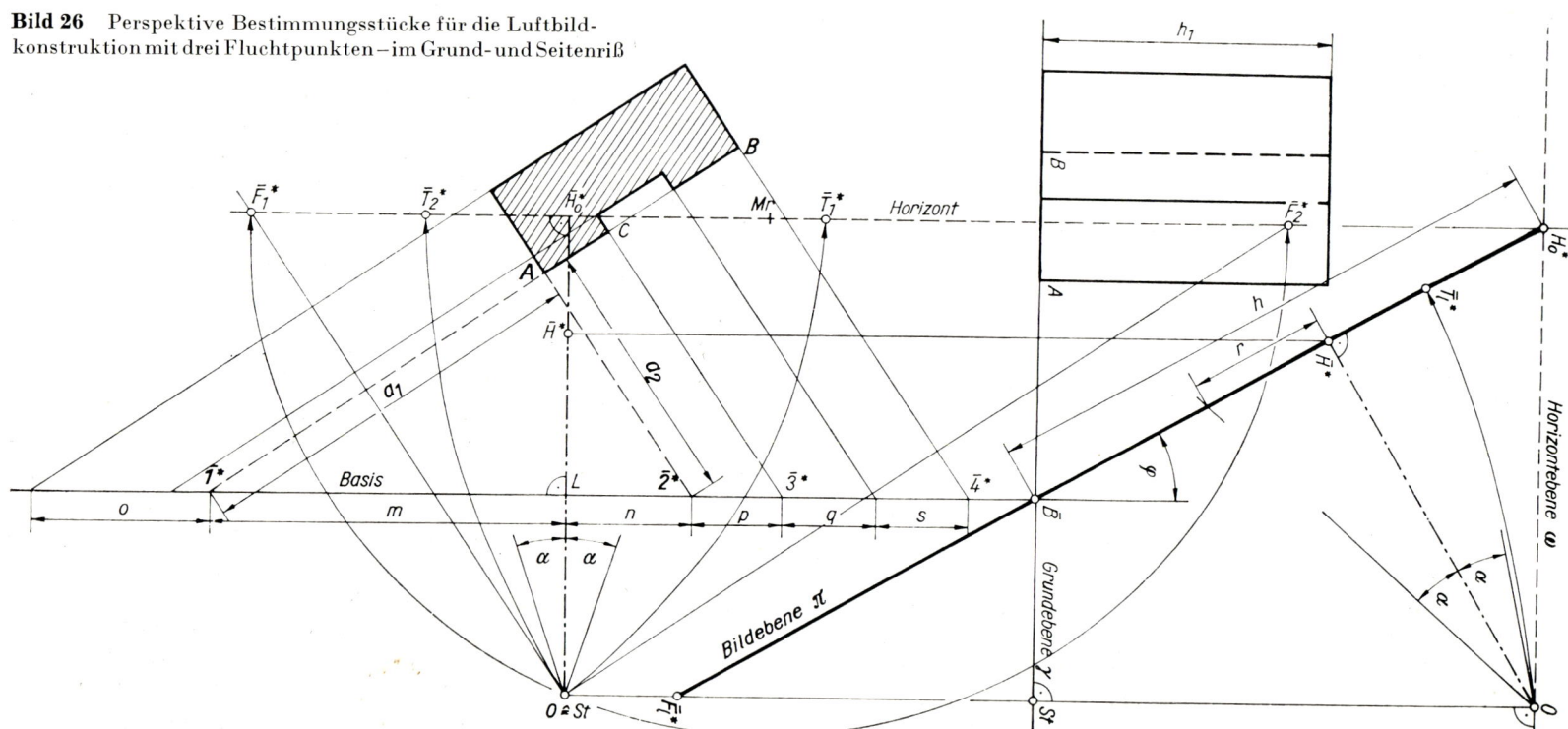

zum Punkt $\bar{B}$. Ihr Grundriß ist die Basis, die senkrecht zum Seitenrißbild der Grundebene verläuft, demnach sind Horizontlinie und Basis parallel.

Auf den nach Abbildungsgesichtspunkten gewählten Hauptstrahl im Grundriß wird der Standpunkt St aus dem Aufriß projiziert. Die Fluchtpunkte sind durch Parallele zur Länge bzw. Breite des Grundrisses durch den Standpunkt, im Schnitt mit dem Horizont, festgelegt. Die Teilpunkte werden durch Kreisbögen mit dem Radius F_1St bzw. F_2St mit dem Mittelpunkt F_1 bzw. F_2 im Schnitt mit dem Horizont gefunden.

Zur perspektiven Abbildung werden die ermittelten Größen aufgetragen (Bild 28), wobei der Abstand zwischen Horizontlinie und Basis sowie die Abstände des Teilpunktes und des Fluchtpunktes der Lotrechten der Seitenrißzeichnung als dort erscheinende wahre Größe zu entnehmen sind.

Die Fluchtpunkte bzw. Teilpunkte werden dem Grundriß entnommen, denn deren Abstände entsprechen wahren Größenverhältnissen, weil der Horizont eine Parallele zur Grundebene darstellt.

Damit sind alle zur Konstruktion notwendigen Bestimmungspunkte aufgetragen, und mit dem eigentlichen Zeichnen des perspektiven Abbilds kann begonnen werden.

Um die perspektive Richtung der Strecke $\overline{AB}$ festzulegen, wird diese im Grundriß (s. Bild 26) durch die Grundrißspur einer projizierenden Hilfsebene mit der Basis geschnitten – das ergibt den Schnittpunkt $\bar{I}^\star$.

Dieser Punkt hat den Abstand m vom Lotpunkt L, der in die perspektive Zeichnung übertragen wird und dort als $I^\star$ erscheint (s. Bild 28). Seine Verbindung mit $F_2^\star$ stellt die perspektive Orientierung der Strecke AB dar.

Nun wird der aus dem Grundriß ermessene Wert $I^\star A = a_1$ auf der Basis von $I^\star$ aus nach rechts aufgetragen und sein Endpunkt mit $T_2^\star$ verbunden; die Verbindungslinie schneidet die fluchtpunktorientierte Gerade in dem gesuchten Punkt $A^\star$.

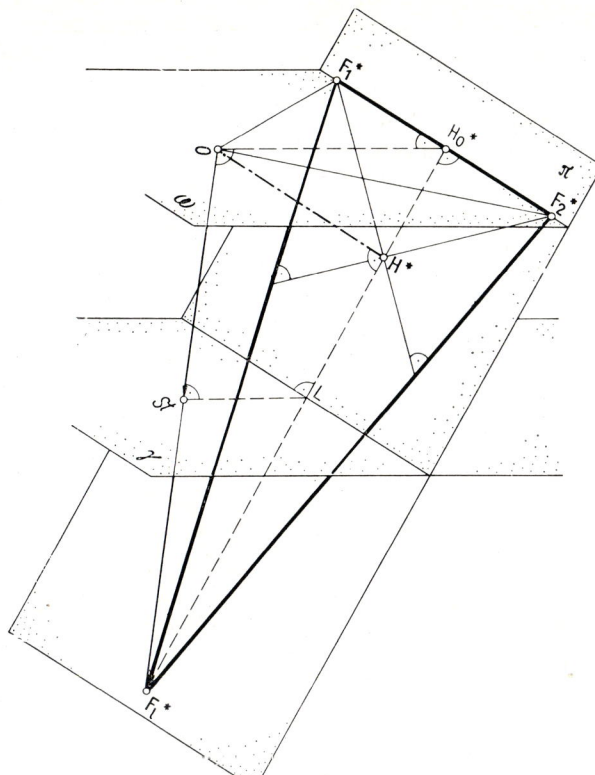

Bild 27 Fluchtdreieck für die Luftbildkonstruktion

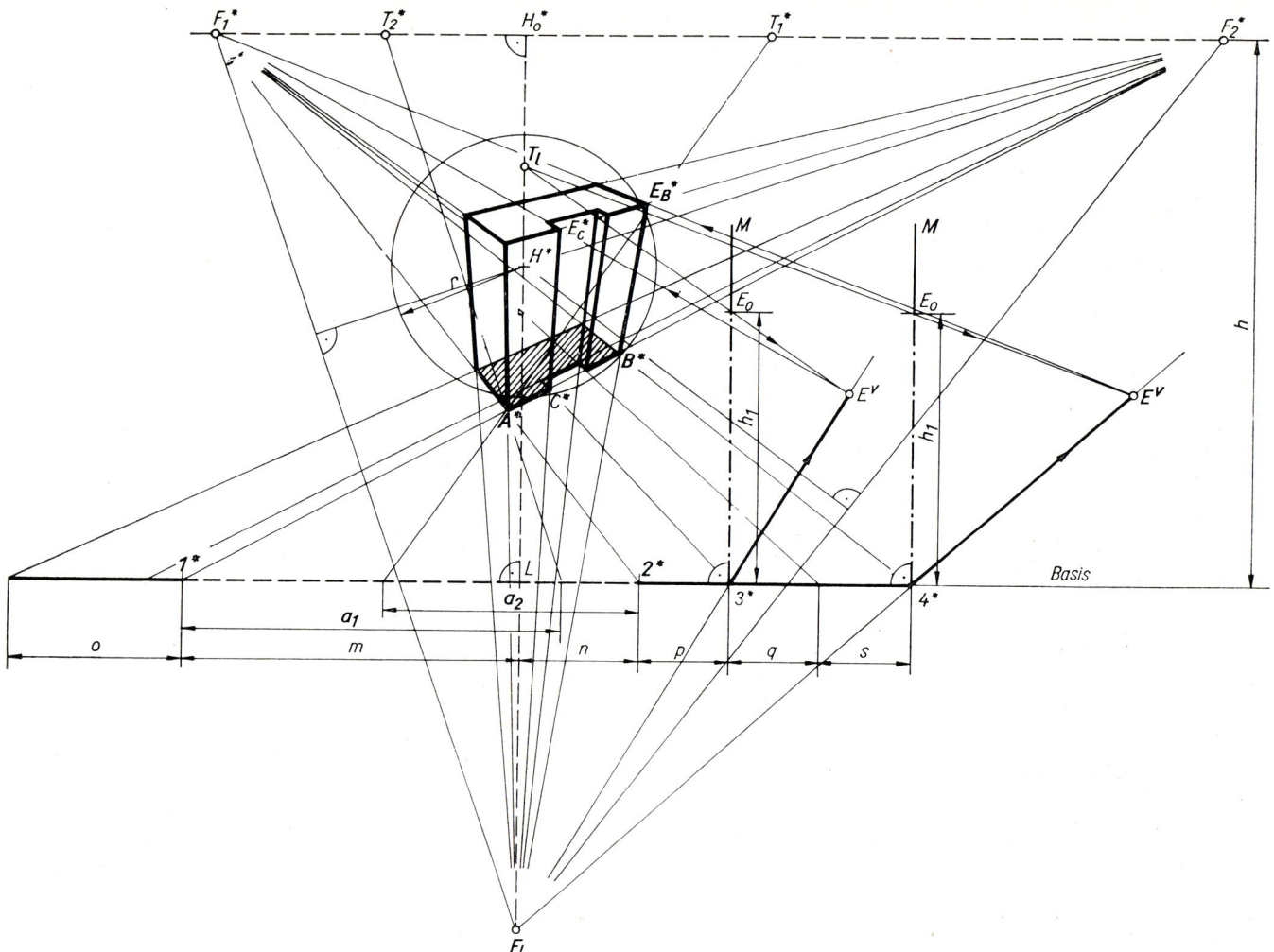

Bild 28 Perspektive Abbildung als Luftbildkonstruktion mit drei Fluchtpunkten

Zu Kontrollzwecken wird $A^\star$, unabhängig von den bisher gebrauchten Werten, noch einmal bestimmt. Auf der Basis wird von $2^\star$ aus nach links die dem Bild 26 entnommene Grundrißkante $2^\star A = a_2$ aufgetragen und ihr Endpunkt mit $T_1^\star$ verbunden; die Verbindungslinie schneidet die fluchtpunktionierte Gerade in dem gesuchten Punkt $A^\star$.

Die weitere Zeichnung des perspektiven Abbilds könnte mit Hilfe der Grundrißmaße erfolgen, wie es in Bild 21 ausgeführt wurde. Es ist aber noch folgender Konstruktionsgang möglich: Im Grundriß werden alle zur Konstruktion benötigten Größen auf die Basis bezogen. Es entstehen die Strecken o, p, q und s (s. Bild 26). Diese werden auf die Basis im perspektiven Abbild (s. Bild 28) übertragen und direkt auf die zugehörigen Fluchtpunkte orientiert. Die entsprechenden Fluchtlinien schneiden sich im Grundriß (schraffiert gezeichnet), die perspektive Konstruktion ist also auch ohne die Teilpunkte ausführbar. Auf den Grundriß sind nun die Objekthöhen aufzubauen.

Alle Lotrechten konvergieren nach dem Fluchtpunkt der Lotrechten F_l, ihre perspektiven Abmessungen werden verschiedene Längen aufweisen. Es soll z. B. für den Fußpunkt B die Objekthöhe eingezeichnet werden. Die Ausgangslage jeder wahren Größenantragung ist immer in der Bildebene zu suchen. Die Verbindungslinie $F_1^\star$ mit $B^\star$ schneidet die Basis im Punkt $4^\star$ (die räumlichen Zusammenhänge sind im Abschn. 3.1.1. erläutert worden).

In diesem Punkt wird eine Normale zur Basis errichtet und die wahre Größe h_1 aufgetragen – mit dem Endpunkt E_o. Nun wird durch $4^\star$ die Verbindungsgerade mit F_l gezeichnet und auf diese h_1 projiziert – mit T_l als Projektionszentrum, also T_l mit E_o verbunden und so lange verlangert, bis ein Schnitt mit der eben genannten Verbindungsgeraden eintritt. Es entsteht E^v.

E^v selbst wird mit dem entsprechenden Fluchtpunkt $F_1^\star$ verbunden, dann schneidet diese Verbindungsgerade die durch den Fußpunkt $B^\star$ gehende, auf F_l orientierte Objekthöhe in dem gesuchten Punkt $E_B^\star$. Von diesem Punkt aus wird die Orientierung der Be-

grenzungslinien der Deckfläche des Objekts nach den zugehörigen Fluchtpunkten vorgenommen.

Zu Kontrollzwecken soll im Fußpunkt C die gleiche Objekthöhe perspektiv angetragen werden. In Stichworten:
$F_1^\star$ mit $C^\star$ verbinden und deren Verlängerung mit der Basis schneiden – ergibt $3^\star$.

In $3^\star$ Normale zur Basis errichten und h_1 auftragen – ergibt E_o. Fluchtgerade F_l nach $3^\star$ ziehen.

T_l mit E_o verbinden und deren Verlängerung mit eben gefundener Fluchtgeraden ($T_1 - 3^\star$) schneiden – ergibt E^v.

E^v mit $F_1^\star$ verbinden.

Fluchtgerade F_l nach $C^\star$ ziehen und deren Verlängerung mit eben gefundener Verbindungsgeraden ($E^v - F_1^\star$) schneiden – ergibt den gesuchten Punkt $E_C^\star$.

Als Grundsatz soll vermerkt werden, je stärker die Neigung der Bildebene gegen die Lotrechte (φ) und je höher der Horizont (h), um so deutlicher der luftbildmäßige Eindruck.

Zusammengefaßter Konstruktionsgang

■ Annehmen   Aufriß:
                         Objektlage
                         Bildebenenneigung und
                         Projektionszentrum

■ Bestimmen   Grundriß:
                         Horizont und Basis
                         Standpunkt
                         Flucht- und Teilpunkte
                         Seitenriß:
                         Flucht- und Teilpunkt der Lotrechten

■ Auftragen   Basis und Horizont

■ Übertragen   Flucht- und Teilpunkte

■ Konstruieren   perspektive Verkürzungen

3.2.2. Perspektive Abbildung mit zwei Fluchtpunkten

Genau wie bei der Luftbildkonstruktion mit drei Fluchtpunkten wird mit der Ermittlung der Bestimmungsstücke in einer gesonderten Zeichnung mit dem Aufrißbild begonnen (Bild 29). Nur ergibt sich anstatt des Längen- und des Breitenfluchtpunktes ein zentraler Fluchtpunkt. Im Grundriß wurde, um eine Symmetrie des perspektiven Abbilds zu vermeiden, eine außermittige Lage des Hauptstrahls und damit des zentralen Fluchtpunktes gewählt.

Zur perspektiven Abbildung werden die ermittelten Größen aufgetragen (Bild 30), wobei der Abstand zwischen Horizont und Basis sowie die Abstände des Teilpunktes und des Fluchtpunktes der Lotrechten der Seitenrißzeichnung als dort erscheinende wahre Größen zu entnehmen sind. Der zentrale Fluchtpunkt und der Distanzpunkt werden dem Grundriß entnommen, denn deren Abstände entsprechen wahren Größenverhältnissen, weil der Horizont zur Grundebene parallel liegt. Um eine Vergrößerung des perspektiven Abbilds zu erreichen, wurde eine Verdopplung des Abbildungsmaßstabs vorgenommen; der Fluchtpunkt der Lotrechten fällt dann außerhalb der begrenzten Abbildungsebene. Der Lotpunkt L von $\overline{Z}^\star$ auf die Basis wird in dem Objektkomplex durch die Strecken m und n festgelegt. Beim Übertragen in das perspektive Abbild sind wegen der Maßstabsverdopplung $2m$ und $2n$ aufzutragen, ebenso wie die Horizonthöhe mit $2h$ angetragen wurden. Durch L sind die Bezugskanten 1 und 2 der Vorderfronten der Objekte A und B festgelegt. Ihre perspektive Verkürzung wird durch das Antragen der Tiefenlinien t_1 und t_2 auf der Basis von $1^\star$ aus nach rechts und die Verbindung ihrer Endpunkte mit $D^\star$ erreicht. Die Schnittpunkte der Verbindungsgeraden mit der Tiefenlinie von $1^\star$ aus nach $Z^\star$ sind die gesuchten Punkte $3^\star$ bzw. $4^\star$. Weil Objekt A die gleiche Größe und die gleiche Lage wie Objekt B hat, können die Tiefenmaße direkt übernommen werden. So wird der gesamte Grundriß (schraffiert dargestellt) eingezeichnet, dann werden in den Eckpunkten die perspektiven Lot-

rechten festgelegt, die alle nach dem Fluchtpunkt der Lotrechten konvergieren. Ihre perspektiven Verkürzungen werden nach dem bereits im Abschn. 3.2.1. ausführlich beschriebenen Verfahren vorgenommen. Die Berücksichtigung der Sichtbarkeitsverhältnisse der konstruierten Körperkanten vervollständigt die perspektive Abbildung.

Auch bei dieser Konstruktionsart gilt, je stärker die Neigung der Bildebene gegen die Lotrechte (φ) und je höher der Horizont (h), um so deutlicher der luftbildmäßige Eindruck.

Zusammengefaßter Konstruktionsgang

■ Annahmen	Aufriß:
	Objektlage parallel zur Aufrißebene
	Bildebenenneigung und
	Projektionszentrum
■ Bestimmen	Grundriß:
	Horizont und Basis
	Standpunkt
	zentraler Fluchtpunkt
	Seitenriß:
	Flucht- und Teilpunkt der Lotrechten
■ Auftragen	Basis und Horizont
■ Übertragen	zentraler Fluchtpunkt
	Distanzpunkte
■ Konstruieren	perspektive Verkürzungen

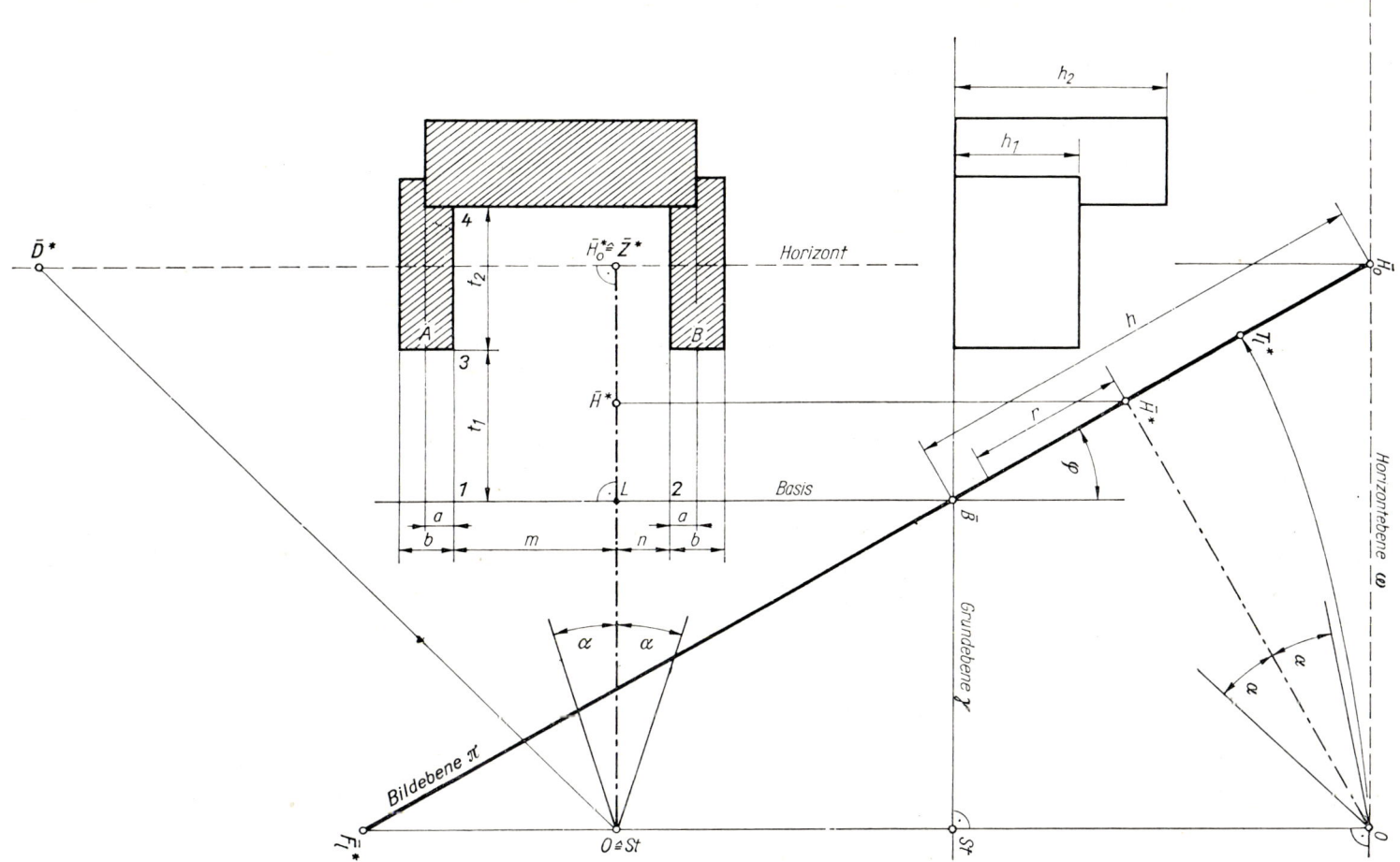

Bild 29 Perspektive Bestimmungsstücke für die Luftbildkonstruktion mit zwei Fluchtpunkten – im Grund- und Seitenriß

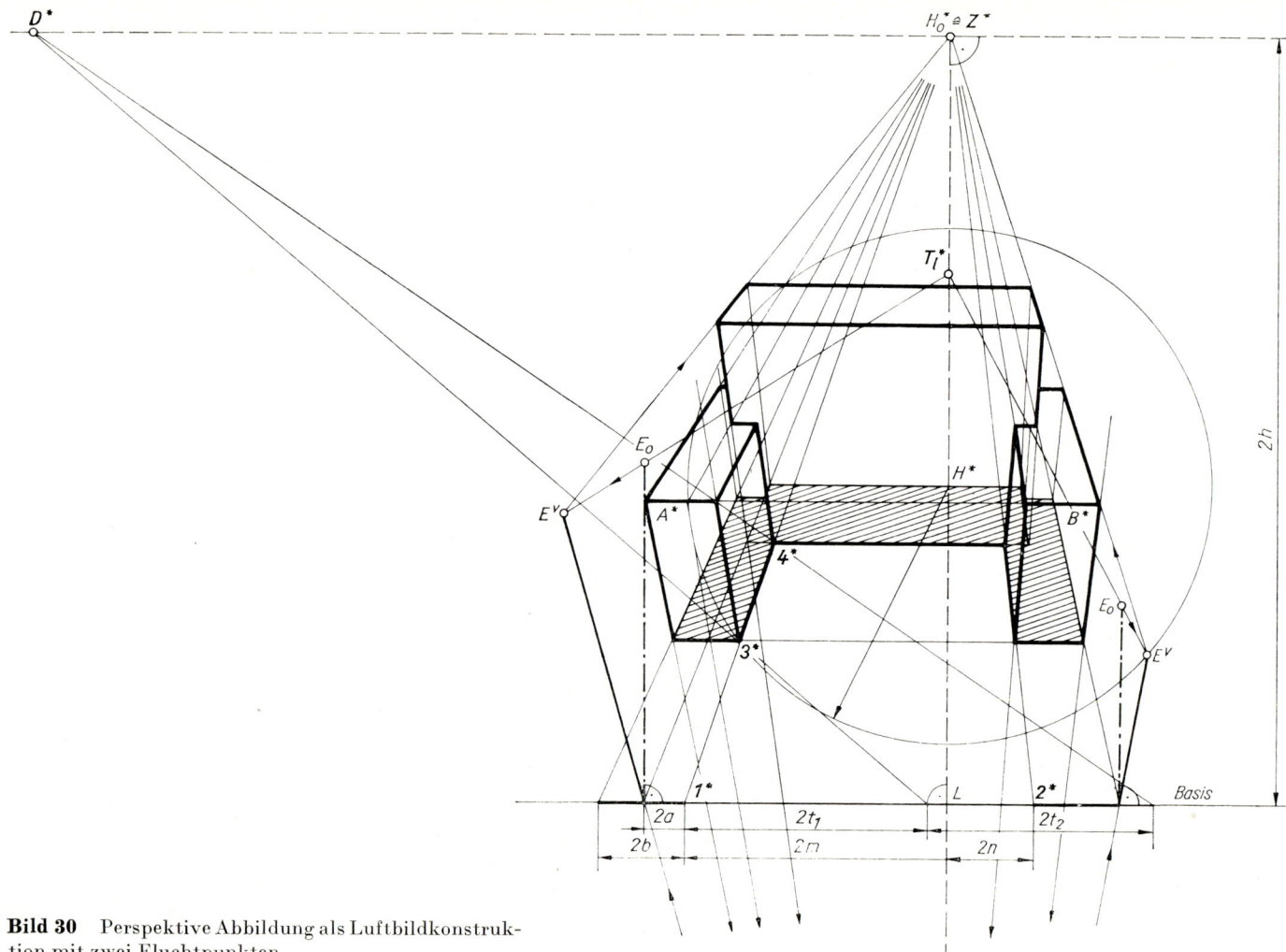

Bild 30 Perspektive Abbildung als Luftbildkonstruktion mit zwei Fluchtpunkten

4.   Rekonstruktion einer Fotografie

Die zweite Grundaufgabe, die an die Perspektive gestellt wird, besteht darin, aus einem vorliegenden perspektiven Abbild die Bestimmungsstücke zu ermitteln. Für den Anwendungsbereich des Architekten wird es sich vor allem um auf optisch-chemischem Wege entstandene Perspektiven, um Fotografien, handeln. Die Rekonstruktion von fotografierten Objekten kann vereinfacht werden, wenn Angaben über die Lage des Projektionszentrums und der Bildebene gemacht werden können. Dabei wird die Kennzeichnung aller Abmessungen über die Lage der Kameralinse zu bekannten Objektpunkten und die Richtung des Hauptstrahles (Aufnahmerichtung) als äußere Orientierung bezeichnet. Nicht jede Fotografie wird sich zur zeichnerischen Rekonstruktion eignen. Günstig sind solche Aufnahmen, die aus geringer Entfernung vom Bauwerk aufgenommen worden sind, weil dann die Fluchtpunkte näher liegen und die ungenauen schleifenden Schnitte ausgeschaltet sind. Außerdem sollte ein Stativ für den Fotoapparat verwendet und die Bildebene in ihrer lotrechten Stellung durch eine Wasserwaage überprüft werden. Als vorteilhaft haben sich Aufnahmen mit einem Weitwinkelobjektiv ergeben, bei denen das Bauwerk mit einer größeren Umgebung erfaßt wird und dann zur Rekonstruktion nur der mittlere vergrößerte Bereich des Fotos verwendet wird.

Die fotografische Aufnahme eines Objekts – hier eines rechteckigen Fensters – wird drei mögliche Lagen der fotografischen Abbildungsebene zulassen (Bild 31):

a) Das Fenster bildet sich als Rechteck ab; Original und Foto sind formtreu, im Maßstab ergibt es eine ähnliche Verkleinerung. Das bedeutet für die Lage der fotografischen Abbildungsebene, daß diese lotrecht und parallel zur Fensterebene ist und demnach keine Schnittfigur mit ihr bildet.

b) Das Fenster bildet sich als Trapez ab; die Fensterhöhen erscheinen als Parallele, die obere und untere Fensterbegrenzung konvergieren nach einem Fluchtpunkt. Das bedeutet für die Lage der fotografischen Abbildungsebene, daß diese lotrecht ist, aber mit der Fensterebene einen Schnittwinkel mit einer lotrechten Schnittgeraden bildet.

c) Das Fenster bildet sich als allgemeines Viereck ab; sowohl die Fensterhöhen als auch die obere und untere Fensterbegrenzung konvergieren nach je einem Fluchtpunkt. Das bedeutet für die Lage der fotografischen Abbildungsebene, daß dies zur Fensterebene geneigt ist und mit ihr einen Schnittwinkel mit einer schräg verlaufenden Schnittgeraden bildet.

Zur Rekonstruktion wird immer davon ausgegangen, daß die benutzte Fotografie einen Bildausschnitt darstellt. Bei dem Sonderfall eines vollformatigen Bildes können bei lotrechter Bildebene

Bild 31   Das rechteckige Fenster erscheint in der Fotografie als:

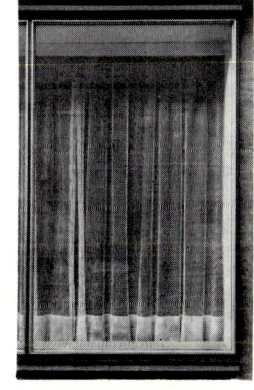  

a) ähnliches Rechteck;   b) Trapez;   c) allgemeines Viereck

Horizont und Hauptpunkt durch das Einzeichnen der zu den Bildrändern parallelen Halbierungslinien ermittelt werden. Der Horizont entspricht der waagerechten Halbierungslinie, ihr Schnittpunkt mit der Lotrechten dem Hauptpunkt.

Die Genauigkeit der Rekonstruktion wird von der Festlegung der Fluchtstrahlen bestimmt. Mit einem Vergrößerungsglas zu arbeiten und die Markierung der Fluchtgeraden durch Einstechungen mit der Punktiernadel vorzunehmen ist zu empfehlen. Nur bei ganz deutlichen Fotografien wird nur eine Festlegung der Fluchtrichtung ausreichen, ansonsten werden mehrere Bestimmungsrichtungen herangezogen werden müssen. Bei sehr flachem Fluchtlinienverlauf werden schleifende Schnitte entstehen, die ein Fluchtpunktgebiet erzeugen, dessen Mittelwert als Fluchtpunkt Verwendung finden kann. Bei zu großer Ungenauigkeit im Erkennen der Fluchtlinien wird die Fotografie nicht verwendet werden können. Grundsätzlich gilt für fotogrammetrische Rekonstruktionen, daß die Fotografie einer ebenen Figur ein Viereck mit bekannten Abmessungen enthalten muß, um die Rekonstruktion durchführen zu können.

4.1. Rekonstruktion aus lotrechter fotografischer Abbildungsebene

Die zwei verschiedenen Möglichkeiten der fotografischen Aufnahme ein und desselben Objekts bei lotrechter fotografischer Abbildungsebene bestimmen das konstruktive Vorgehen zur Rekonstruktion.

4.1.1. Fotografie mit einem Fluchtpunkt

Die Höhen des Bauwerks im Bild 32 erscheinen lotrecht, die Breite der dreibogigen Begrenzungswand parallel. Demnach stand die fotografische Abbildungsebene lotrecht und parallel zu der eben genannten Wand; daher liegt eine frontale Fotografie vor.

Das in seinen Abmessungen bekannte Viereck ist durch die Punkte $ABCD$ sowie $EFGH$ gegeben. Da sowohl die rechte Gebäudewand als auch die linke im Hintergrund befindliche Hallenwand mit der dreibogigen Begrenzungswand einen rechten Winkel bilden, werden die Fluchtlinien in einem Punkt, dem zentralen Fluchtpunkt $Z^\star$, zusammenlaufen. Die Parallele zur oberen waagerechten Begrenzungskante der Wand durch $Z^\star$ ergibt den Horizont. Die Lage des Standpunktes bleibt unbestimmt.

Um einen Maßstab für die Eintragung eines Rasters auf der waagerechten Grundebene zu erhalten, wurden jeweils zwei Fenster zu einer Gruppe zusammengefaßt und dann deren Fußpunkte auf der Grundebene $1^\star$ bis $7^\star$ von einem nach zeichentechnischen Gesichtspunkten gewählten Punkt P auf dem Horizont auf eine in der Grundebene liegende, zur Basis parallel verlaufende Meßgerade projiziert. Die Länge e ist verhältnisgleich zu der am gebauten Objekt abgemessenen Tiefenentfernung. Die verschiedenen Rasterbreiten $a^\star$ bis $c^\star$ sind verhältnisgleich zu den auf der Basis, am gebauten Objekt abgemessenen Werten. Die Rasterung der Grundebene wird für eine möglicherweise einzuzeichnende Objektdarstellung verwendet, wie sie bereits im Abschnitt 3.1.4. erläutert wurde.

Zusammengefaßter Konstruktionsgang

■ Zentralen Fluchtpunkt und Horizont bestimmen.

■ Auf zur Basis parallelen Meßgeraden bekannte Tiefenmaße projizieren.

■ Rasterlängen konvergieren nach dem zentralen Fluchtpunkt.

■ Rastertiefen ergeben sich als Parallele zur Basis.
Standpunktlage bleibt unbestimmt.

Bild 32 Rekonstruktion einer Fotografie mit zentralem Fluchtpunkt, Objektebene und lotrechte fotografische Abbildungsebene sind parallel.

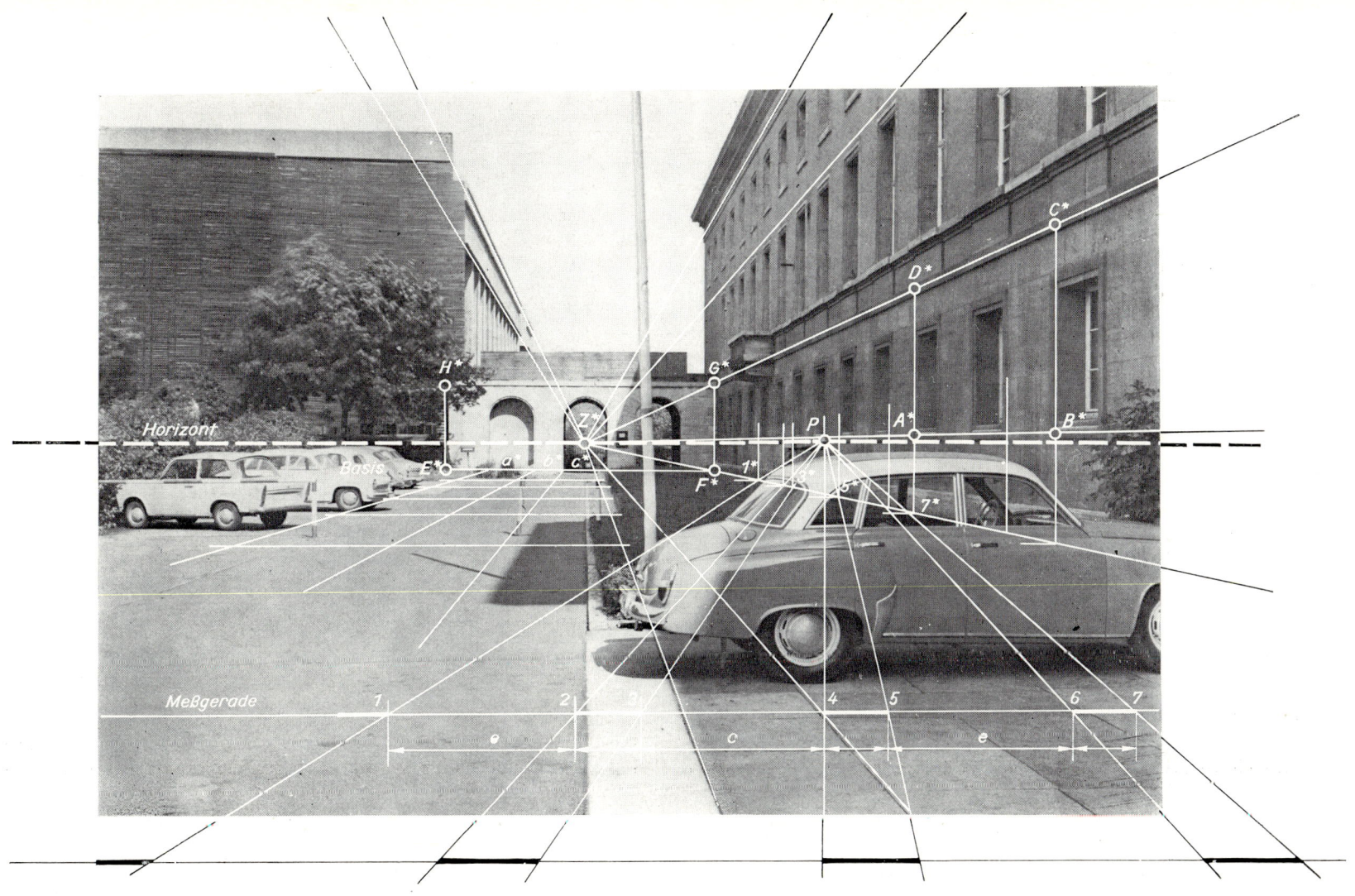

Horizont

Basis

Meßgerade

H*
E*
a
b
c
Z*
F*
1*
8*
P
3*
A*
7*
G*
D*
C*
B*

1   2   3   4   5   6   7

g   c   e

45

4.1.2. Fotografie mit zwei Fluchtpunkten

Die Höhen des Bauwerks in Bild 33 erscheinen lotrecht, die Längen und Breiten, sonst miteinander einen rechten Winkel bildend, konvergieren nach je einem Fluchtpunkt. Demnach stand die fotografische Abbildungsebene lotrecht und bildete mit den zu fotografierenden Objektebenen (Hauswänden) einen Schnittwinkel mit einer lotrechten Schnittgeraden. Das in seinen Abmessungen bekannte Viereck ist durch die Punkte $A^*B^*C^*D^*$ gegeben. Es bedeuten

A^*B^* Länge der Baulücke zwischen den Altbauten

B^*C^* Breite der Altbauten.

Die Rekonstruktion von Fotografien mit zwei Fluchtpunkten dürfte zu dem breitesten Anwendungsgebiet gehören, deshalb wird sie zunächst an einem geometrischen Modell erläutert (Bild 34). Das perspektive Abbild eines Objekts ist gegeben, sein Grund- und Aufriß sowie eine mit abgebildete Strecke sind bekannt, oder sie lassen sich am gebauten Objekt abmessen.

Mit der Ermittlung der Fluchtpunkte wird begonnen. Die Fluchtstrahlen schneiden sich in den beiden Fluchtpunkten, deren Verbindung ergibt den Horizont. Bei genauer Konstruktion wird der Horizont mit den Objektkanten rechte Winkel bilden.

Der Abstand der Fluchtpunkte ist Durchmesser des Distanzkreises, sein Radius gleich dem halben Fluchtpunktabstand.

Nun werden die unsichtbaren Körperkanten durch Fluchtung ermittelt. In die bestehende Grund- bzw. Deckfläche des Objekts werden die Diagonalen eingetragen, z. B. von A^* nach C^*, deren Verlängerungen sich auf dem Horizont in F_d^* schneiden.

Im Grundriß des Objekts wird die gleiche Diagonale gezeichnet, nämlich von A nach C. Diese bildet mit der Länge den Winkel α und mit der Breite den Winkel β.

Nun wird die Strecke $F_1^*F_d^*$ halbiert, im Halbierungspunkt 1 eine Normale errichtet. Im Fluchtpunkt F_1^* wird der Winkel β derart angetragen, daß sich ein Winkelschenkel mit dem Horizont deckt

und der andere Schenkel die Normale in M_1 schneidet. Analog wird für Strecke $F_d^*F_2^*$ verfahren, unter Antragung von α ergibt sich M_2.

M_1 und M_2 sind Mittelpunkte von Kreisbögen mit den Radien $M_1F_1^*$ bzw. $M_2F_2^*$. Diese Kreisbögen gehen durch F_d^* und schneiden den Distanzkreis im gesuchten Standpunkt St. Die Teilpunkte T_1^* und T_2^* werden durch Übertragung der Strecken StF_1^* bzw. StF_2^* bestimmt (s. Abschn. 3.1.3.).

Auf dem Horizont wird von T_1^* in Richtung des Fluchtpunktes F_2^* die Länge des Grundrisses in einem Maßstab aufgetragen, dessen Abschätzung sich auf das perspektive Bild bezieht ($l = T_1^*P_1$). Dann wird die Verbindungsgerade von T_1^* nach A^* und von T_1^* nach D^* gezogen. $T_1^*D^*$ werden parallel durch P_1 verschoben, die entstandene Parallele mit der Geraden $T_1^*A^*$ geschnitten. Schnittpunkt ist X_1. Die Parallele durch X_1 zum Horizont ergibt die Basis und damit die Horizonthöhe h. Auf der Basis werden A_o und D_o von den Verbindungsgeraden $A^*T_1^*$ und $D^*T_1^*$ herausgeschnitten ($A_o \triangle X_1$). Die Strecke A_oD_o ist verhältnisgleich zur maßstäblichen Länge des Grundrisses l.

Sollte sich die Basis als eine durch das perspektive Abbild hindurchgehende Gerade ergeben, dann kann die geschätzte Länge von l aus zeichentechnischen Gründen vergrößert werden. Auf das absolute Ergebnis wird damit kein Einfluß ausgeübt, denn durch die Parallelverschiebung der Bildebene werden die Maßverhältnisse mit berücksichtigt.

Für die Bestimmung der Breite wird analog der Längenermittlung verfahren. Von T_2^* aus wird in Richtung F_1^* die Breite im gleichen Maßstab der Länge aufgetragen (Endpunkt P_2). Verbindungsgeraden werden von T_2^* nach A^* und T_2^* nach B^* gezogen. Dann erfolgt Parallelverschiebung der letzteren durch P_2. Diese Parallele, mit der Verbindung von $T_2^*A^*$ zum Schnitt gebracht, ergibt den auf der Basis liegenden Punkt X_2. A_o und B_o werden von den Verbindungsgeraden $A^*T_2^*$ und $B^*T_2^*$ auf der Basis herausgeschnitten.

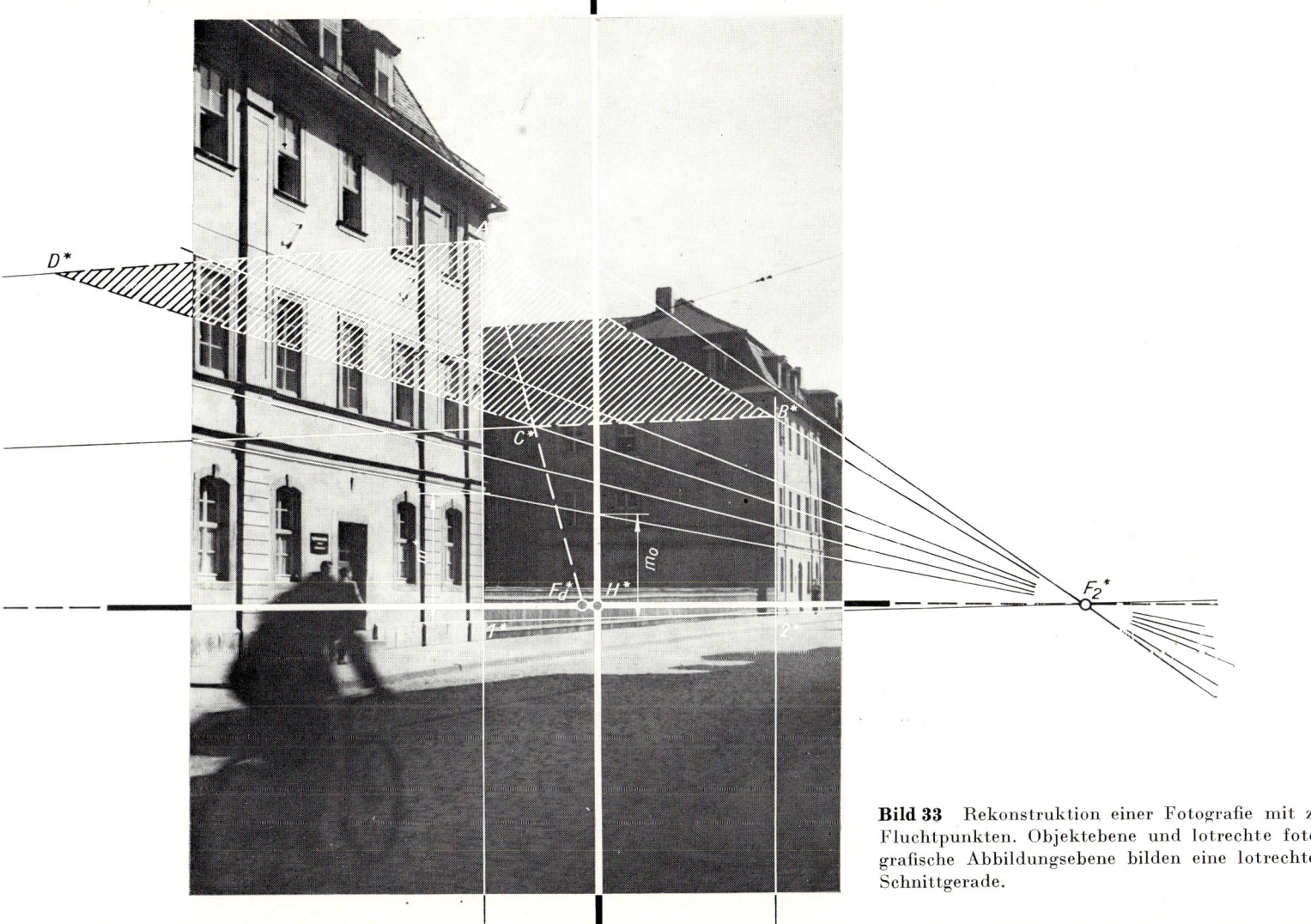

Bild 33 Rekonstruktion einer Fotografie mit zwei Fluchtpunkten. Objektebene und lotrechte fotografische Abbildungsebene bilden eine lotrechte Schnittgerade.

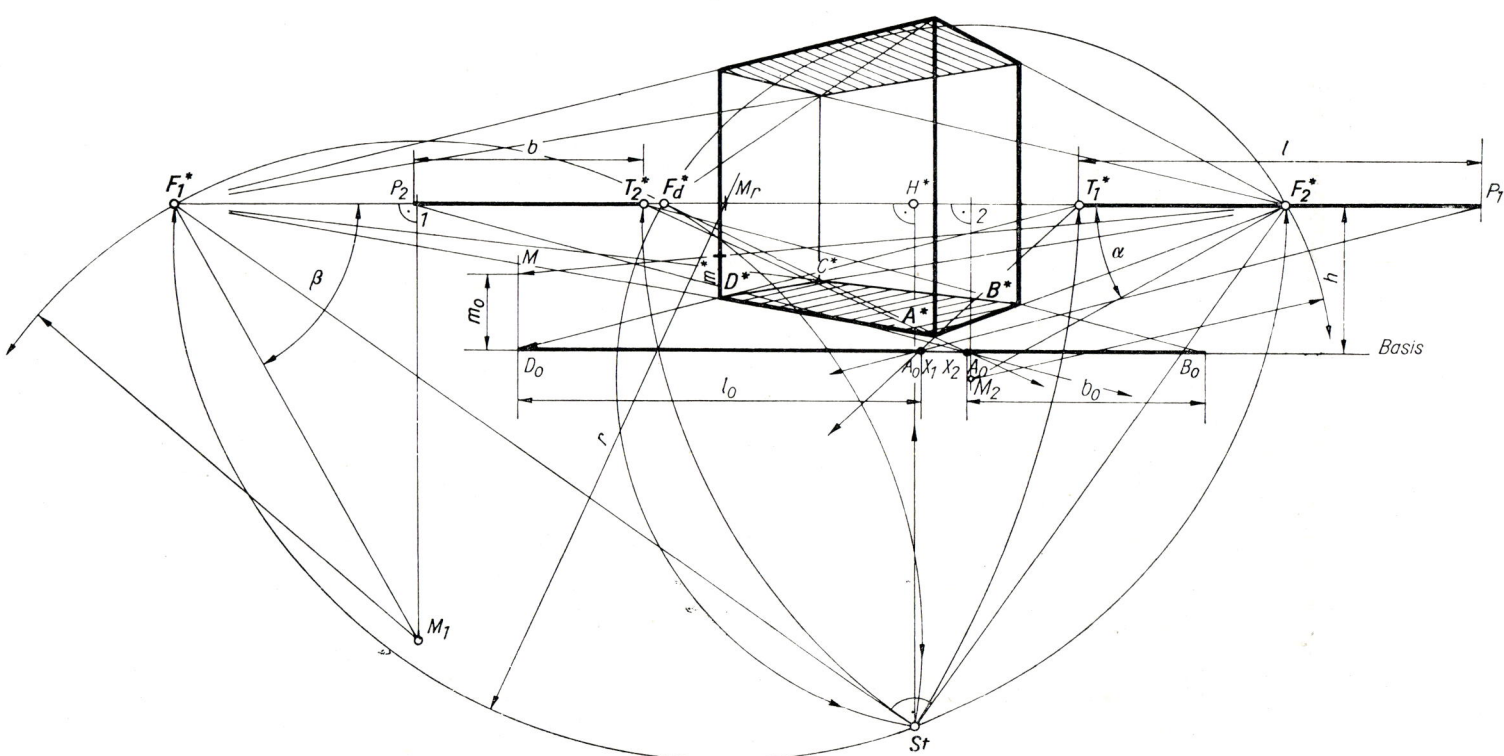

$(A_o \triangle X_2)$. Die Strecke A_oB_o ist verhältnisgleich zur maßstäblichen Breite des Grundrisses b.

Die perspektive Strecke $m^\star$ auf der Objektkante im Fußpunkt $D^\star$ wird auf die Basis projiziert. Das Projektionszentrum ist $F_2^\star$ und ergibt auf der Meßkante M die geometrische wahre Größe von m_o. Der Maßstab wird durch eine Verhältnisrechnung ermittelt.

Zusammengefaßter Konstruktionsgang

- Fluchtpunkte und Horizont sowie Distanzkreis bestimmen.
- Diagonalfluchtpunkt $F_d^\star$ konstruieren.
- Halbieren die Strecke $F_1^\star F_d^\star$ – im Halbierungspunkt *1* eine Normale errichten.
- An Horizont mit Scheitel in $F_1^\star$ Winkel β antragen und mit Normaler schneiden – Mittelpunkt eines Kreises mit dem Radius $M_1F_1^\star$, der den Distanzkreis im Standpunkt schneidet.
- $T_1^\star$ auf Horizont eintragen – Strecke $F_1^\star St$.
- Auf dem Horizont von $T_1^\star$ aus Grundrißlänge l antragen – Punkt P_1.
- $T_1^\star D^\star$ ziehen und parallel durch P_1 verschieben.
- Schnittpunkt der Parallelen mit $T_1^\star A^\star$ – Punkt X_1.
- Parallele zum Horizont durch X_1 ist die gesuchte Basis.
- Maßstabsermittlung.
- Der geometrische Modellfall wird zur praktischen Anwendung auf die Fotografie übertragen.

In Bild 35 ist die Fluchtpunktermittlung mit der Festlegung des Standpunktes St und der Teilungspunkte $T_1^\star$ bzw. $T_2^\star$ dargestellt. Daraus ergeben sich der Horizont und der Hauptpunkt $H^\star$. Das Rechteck $A^\star B^\star C^\star D^\star$, das von der bekannten Baulückenlänge und der bekannten Breite des Altbaus gebildet wird, wurde perspektiv angehoben, um genauere Konstruktionswerte zu erhalten. Die entstehende Diagonale durch Verbindung von $A^\star$ mit $C^\star$ schneidet den Horizont in $F_d^\star$.

Es folgt die Bestimmung der Horizonthöhe. Die konstruktiven Werte erschienen wegen ihrer schleifenden Schnitte zu ungenau, Horizont und Basis fallen fast zusammen, deshalb wurde ein anderer Bestimmungsweg gewählt (Bild 36).

Die gedachte Verbindungsebene der beiden Altbauten schneidet die Bildebene in einer Geraden, deren Grundriß den Hauptpunkt $\overline{H}^\star$ darstellt. Infolgedessen wird diese Verbindungsebene im Grundriß als eine Gerade erscheinen, die im System der perspektiven Anordnung durch $\overline{H}^\star$ parallel zu $St\overline{F}_2^\star$ verläuft.

Zur besseren Übersicht und um nicht in die Fotografie hineinzuzeichnen, wurde eine beliebige Parallelverschiebung von $F_1^\star F_2^\star$ vorgenommen. Nun werden die Bildpunkte $1^\star$ und $2^\star$ auf die Basis projiziert und erscheinen dort als $\overline{1}^\star$ und $\overline{2}^\star$, die wiederum mit dem Standpunkt St verbunden werden. Diese Verbindungsgeraden schneiden die orientierte Grundrißabbildung der Verbindungsebene in den gesuchten Punkten *1* und *2* mit dem Abstand a. Dann wird das Verhältnis des bekannten Bauwerkmaßes A zu a den Maßstab M der Fotografie ausdrücken.

$$\frac{A}{a} \triangle M \tag{8}$$

Zu Kontrollzwecken wird eine von Gl. (8) unabhängige Maßstabsermittlung durchgeführt. Die in der Fotografie bemaßte Strecke $m^\star$ (Bild 33) ist aus der Aufrißzeichnung des Altbaus bekannt oder kann am Altbau abgemessen werden. Sie wird auf die durch den Hauptpunkt gehende Lotrechte projiziert. Projektionszentrum ist $F_2^\star$ und erscheint dort als geomterisch wahre Größe m_o. Dann wird das Verhältnis des bekannten Bauwerkmaßes $m^\star$ zu m_o den Maßstab M der Fotografie ausdrücken.

$$\frac{m^\star}{m_0} \triangle W \tag{9}$$

Nachdem der Maßstab des rekonstruierten Grundrisses feststeht, wird das Planungsobjekt auf diesen Maßstab umgezeichnet und in

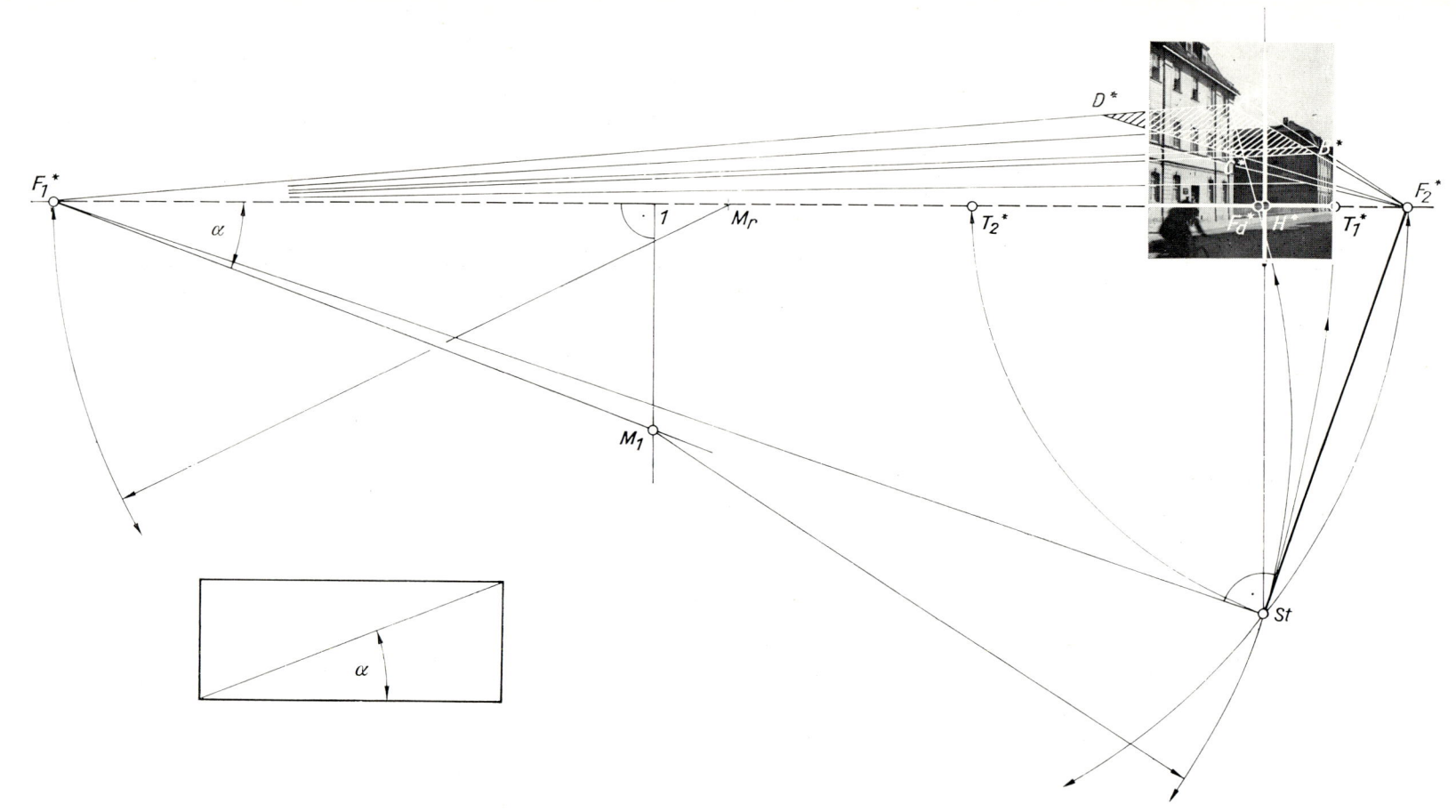

Bild 35 Rekonstruktion der Bestimmungsstücke, wie Standpunkt, Fluchtpunkte und Teilungspunkte

Bild 36 Einpassen einer Fassade in die fotografierte Baulücke

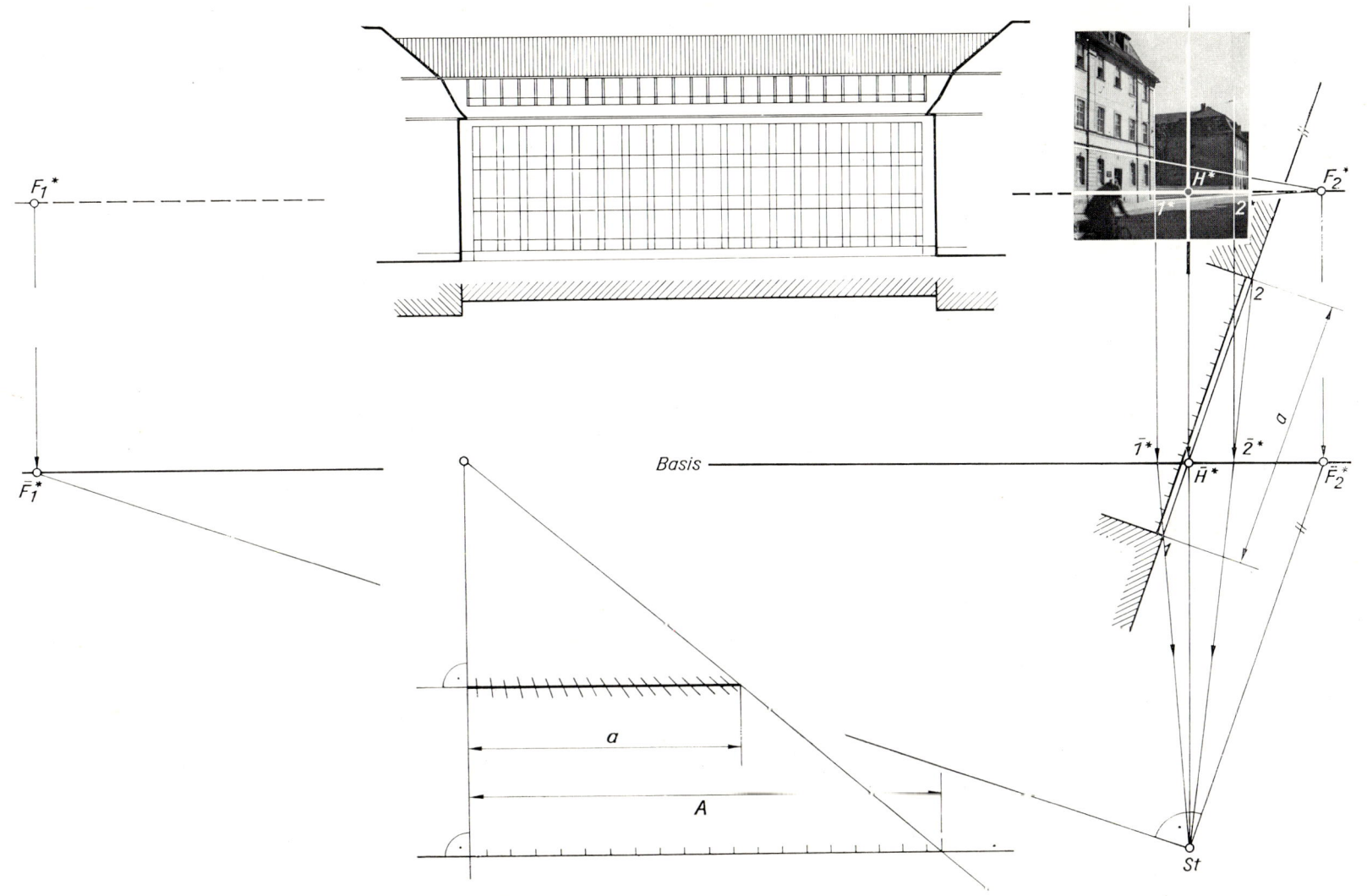

Basis

F_1^*

$\bar{F_1^*}$

a

A

H^*

$\bar{1^*}$ $\bar{H}^*$ $\bar{2}^*$ $\bar{F_2^*}$

F_2^*

a

St

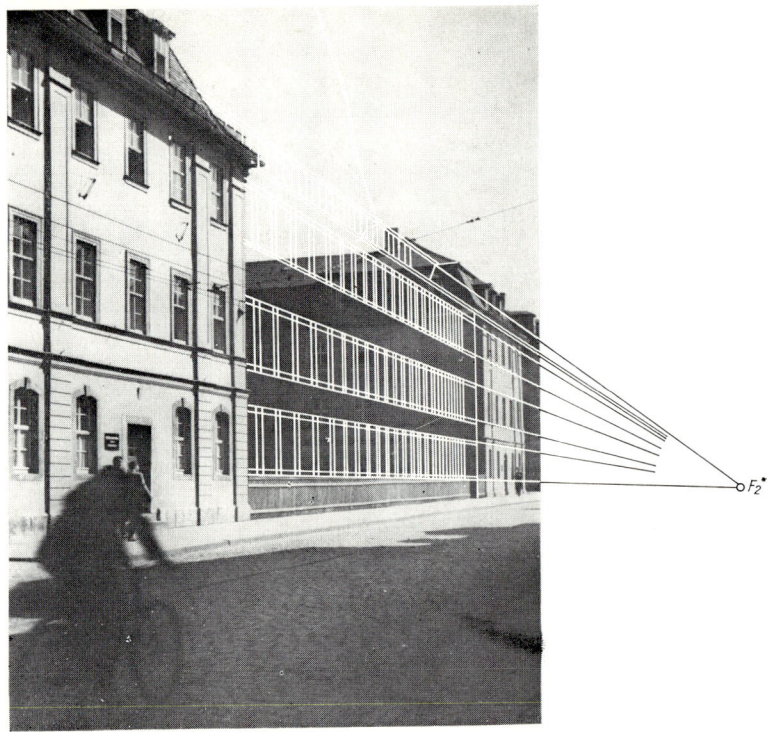

Bild 37 Perspektive Fassade in der fotografierten Baulücke

Bild 38 Rekonstruktion einer Fotografie mit drei Fluchtpunkten. Objektebene und schräge fotografische Abbildungsebene bilden eine schräg verlaufende Schnittgerade.

den Grundriß eingefügt. Die Konstruktion des perspektiven Abbilds erfolgt nach dem Durchstoßverfahren, wie es im Abschn. 3.1.1. erläutert wurde. Das Ergebnis der Einzeichnung ist in Bild 37 dargestellt.

Der *zusammengefaßte Konstruktionsgang* entspricht dem im Abschn. 4.1.2. angegebenen.

4.2. Rekonstruktion aus geneigter fotografischer Abbildungsebene

Zum Anwendungsbereich des Architekten, vor allem des Denkmalpflegers, wird es gehören, die Rekonstruktion einer Fassade auszuführen. Bei turmartigen Bauwerken wird es kaum zu vermeiden sein, die fotografische Aufnahme nicht mit geneigter Abbildungsebene auszuführen.

Die Höhen des Bauwerks in Bild 38 konvergieren nach einem Fluchtpunkt, die Längen und Breiten, sonst einen rechten Winkel bildend, konvergieren ebenfalls nach je einem Fluchtpunkt. Demnach war die fotografische Abbildungsebene geneigt und bildete mit der zu fotografierenden Objektebene (Hauswand) einen Schnittwinkel mit einer schräg verlaufenden Schnittgeraden. Das in seinen Abmessungen bekannte Viereck ist durch die Punkte $A^\star B^\star C^\star D^\star$ gegeben.

Mit der Ermittlung der Fluchtpunkte wird begonnen. Die Fluchtstrahlen der Höhen und Längen führen zu den Fluchtpunkten F_l^* und F_1^*. Die Breiten in der Fotografie erscheinen zu kurz, um mit ausreichender Genauigkeit den Fluchtpunkt F_2 festlegen zu können. Deshalb wird darauf verzichtet und damit auch auf das Fluchtdreieck.

Die Diagonale $B^\star D^\star$ schneidet die Verbindung $F_1^* F_l^*$ im Fluchtpunkt F_d^*. Der Meßpunkt M liegt auf einem Kreis k_1 mit dem Durchmesser $F_1^* F_l^*$ und dem Mittelpunkt M_1. Außerdem ist im

bekannten Viereck $ABCD$ der Winkel α zwischen der Diagonalen BD mit der Seite AB bekannt (Bild 39). M wird daher auch auf einem Kreis k_2 liegen, der durch F_d^* und F_l^* hindurchgeht und der zu dieser Kreisebene den Randwinkel α aufweist. Sein Mittelpunkt ist M_2. Der Schnittpunkt der beiden Kreise k_1 und k_2 ergibt den Meßpunkt M.

Nun besteht zwischen den perspektiven Punkten $A^\star B^\star C^\star D^\star$ und der gedrehten Lage der Punkte $A_o B_o C_o D_o$ perspektive Kollineation mit dem Kollineationszentrum M. $A_o B_o$ ist zu $F_1^* M$ parallel. Das bedeutet, daß die Strecke AB so zwischen die Sehnen der Drehbilder $MA^\star$ und $MB^\star$ einzupassen ist, daß sie zu $F_1^* M$ parallel liegt.

Zur Einpassung wird auf b ein beliebiger Punkt X angenommen, von diesem eine Parallele zu $F_1^* M$ gezeichnet und darauf in einem beliebig gewählten Maßstab die Strecke m abgetragen. Ihr Endpunkt ist P. Durch P wird eine Parallele zu b gelegt. Im Schnittpunkt mit a ergibt sich die gedrehte Lage des Punktes A, der Punkt A_o. Durch Parallelverschiebung von m durch A_o wird im Schnittpunkt mit b die gedrehte Lage von B, der Punkt B_o, erhalten. Normal zu $A_o B_o$ wird die bekannte Strecke n im gleichen Maßstab wie m aufgetragen und mit c bzw. d geschnitten. Es ergeben sich die gedrehten Punkte C_o und D_o.

Die Verlängerung von $D_o A_o$ schneidet sich mit dem Fluchtstrahl $F_l^* D^\star A^\star$ in einem Punkt 1 der Kollineationsachse, $C_o B_o$ und $F_l^* C^\star B^\star$ im Punkt 2 usw.

Zur Vervollständigung des Fassadenausschnitts $ABCD$ werden nun die Balkonbrüstungen und die Zwischenwände ermittelt. Aus der Fotografie wird die Drehlage z. B. für E_o aus $E^\star$ konstruiert. Der Konstruktionsweg ist der gleiche wie für die Punkte $ABCD$ und aus der Zeichnung ersichtlich.

Der Maßstab wird durch eine Verhältnisrechnung ermittelt.

Bild 39 Rekonstruktion der Bestimmungsstücke, wie Fluchtpunkte, Kollineationszentrum, Kollineationsachse

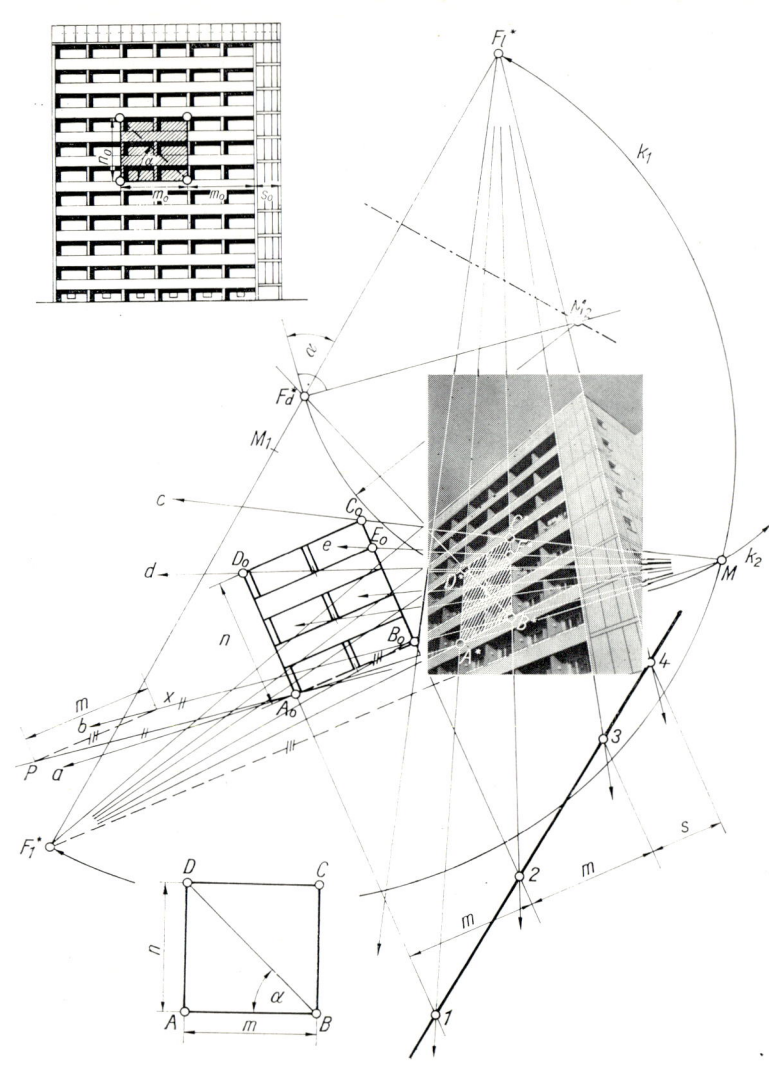

Zusammengefaßter Konstruktionsgang

■ Fluchtpunkte bestimmen und miteinander verbinden (Flucht-dreieck).

■ $F_d^* F_l^*$ Durchmesser des Kreises k_1.

■ Diagonalfluchtpunkt F_d konstruieren.

■ In F_d^* Winkel α antragen und zu 90° ergänzen (Komplement-winkel).

■ Den Schenkel des Komplementwinkels mit Halbierungslinie von $F_d^* F_l^*$ schneiden – ergibt Kreismittelpunkt M_2 des Kreises k_2.

■ Schnittpunkt von k_1 mit k_2 ist Meßpunkt W.

■ Halbstrahlen von W aus über $A^\star B^\star C^\star D^\star$ ziehen.

■ Auf b in beliebigem Punkt X bekannte Strecke m im beliebigen Maßstab auf einer Parallelen zur $F_1^* M$ durch X antragen.

■ Durch ihren Endpunkt P eine Parallele zu b und mit a schneiden – ergibt A_o.

■ Durch A_o Parallele zu $F_1^* M$ und mit b schneiden – ergibt B_o.

■ Normale zu A_o und B_o schneiden sich mit d bzw. c in D_o bzw. C_o.

■ Maßstabsermittlung.

5.   Ergänzungskonstruktionen

Bei der Konstruktion von perspektiven Abbildungen können Schwierigkeiten in der Form auftreten, daß es sich z. B. bei der Entwurfsbearbeitung als notwendig erweist, eine schnell konstruierbare Perspektive zur Hand zu haben, die objektiv über die Baukörpergliederung Auskunft gibt, oder daß Fluchtpunkte einer Konstruktion außerhalb des Zeichenblatts zu liegen kommen usw. Daher werden einige Verfahren angegeben, die die beschriebenen Konstruktionen abrunden und, bezogen auf die Schattenermittlung und Kurvendarstellung, ergänzen.

5.1.   Objektive Abbildung

Aus der Wertung der Beeinflussungsfaktoren einer perspektiven Abbildung ist eine gewisse Freizügigkeit in der Anlage ihrer Bestimmungsstücke zu ersehen, ohne daß damit die Konstruktion selbst mit einem geometrischen Fehler belastet wird. Besonders weit ist der Spielraum für den Winkel φ, den Neigungswinkel, den der Grundriß eines Baukörpers gegen die Basis einnehmen kann. Die Feststellung einer optischen Auf- bzw. Abwertung der zeichnerisch erscheinenden Baukörpergrößen – Länge und Breite – wirft die Frage auf, welche Größe muß der Winkel φ annehmen, um eine weder auf- noch abgewertete, also objektive Abbildung des Baukörpers zu gewährleisten?

Selbstverständlich wird diese hinzukommende Bedingung eine Einengung in der Wahl der Bestimmungsstücke mit sich bringen. Davon wird naturgemäß eine Darstellung nach künstlerischen Ge-

sichtspunkten nicht berührt, vielmehr soll erreicht werden, daß bei der Erarbeitung eines Bauentwurfs eine räumlich wirkende, schnell konstruierbare, objektiv perspektive Darstellung dem Entwerfenden gegeben ist und ihm bei der Beurteilung der räumlichen Konzeption seines Entwurfe als Hilfsmittel zur Verfügung steht.

Die vorgedruckten Perspektivraster einiger Systeme, die als Hilfsmittel dienen sollen, haben den Nachteil, daß sowohl ein quadratischer als auch rechteckiger Grundriß eines Bauentwurfs mit dem gleichen Neigungswinkel dargestellt wird, der, wie zu ersehen war, erhebliche Einwirkungen auf das perspektive Abbild ausüben kann. Dem zu begegnen dient das *objektive pP-Schnellrißverfahren* (pP perspektive Punktreihen), unter dem eine perspektive Abbildung verstanden wird, die das maximale Längen-Breiten-Verhältnis eines Grundrisses maßstäblich um die Hälfte verkürzt, also objektiv wiedergibt.

Dabei wird die eigentliche perspektive Abbildung gezeichnet,
ohne den Grundriß zu benutzen
ohne nach einem geeigneten Standpunkt für die Konstruktion zu suchen
ohne die Zuhilfenahme der Projektion der Sehstrahlen.

Es liegt auf der Hand, daß damit eine Vereinfachung der Konstruktion und eine Verminderung des zeichnerischen Aufwands erreicht wird, was wiederum einen höheren Genauigkeitsgrad gewährleistet.

Die Ausgangslage für das Schnellrißverfahren bildet die Standpunktkurve, die, als geometrischer Ort aller möglichen Standpunkte, im allgemeinen Fall eine rationale, zirkulare Kurve vierter Ordnung ergibt (Bild 40). Sie entsteht als Schnittpunkt zweier Projektionsstrahlen, deren Ausgangspunkte die jeweiligen Endpunkte der maximalen Länge bzw. Breite eines Grundrisses darstellen und deren Richtungen durch die Endpunkte der halben Länge bzw. Breite, gemessen auf der Basis vom Hauptpunkt H aus, gegeben sind. Die Gesamtheit aller möglichen Schnittpunkte bildet die Standpunktkurve.

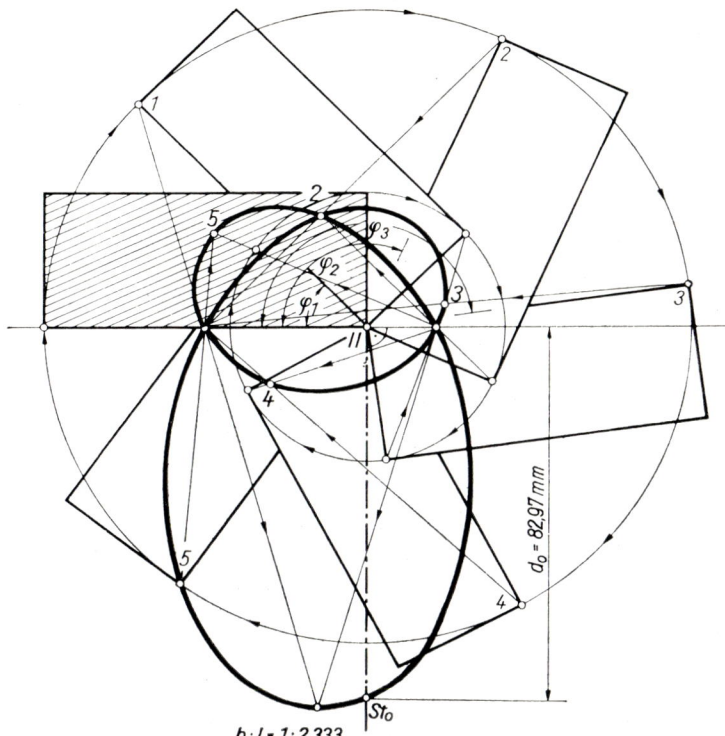

Bild 40 Entstehung der Standpunktkurve als eine rationale zirkulare Kurve vierter Ordnung – für eine objektive Abbildung

Die Schnittpunktermittlung beginnt mit folgender Ausgangslage des Grundrisses: Die Länge deckt sich mit der Basis; zu ihr senkrecht steht die Breite in H. Der Neigungswinkel φ, gemessen zwischen Länge und Basis, beträgt demnach 0°. Nun dreht sich der Grundriß um H derart, daß $\varphi = 360°$ wird. Die kontinuierliche Verbindungen der einzelnen Schnittpunkte bestimmen die Standpunktkurve. Aus ihrer Gesamtheit ist derjenige Standpunkt zu wählen, der als Schnittpunkt der Standpunktkurve mit dem Hauptstrahl entsteht und damit den Standpunkt St_o für die objektive Abbildung ergibt. Zur unmittelbaren Anwendung sind die sich aus dem Längen-Breiten-Verhältnis ergebenen Distanzwerte d zur Ermittlung des Standpunktes St in der Tafel 2 tabellarisch erfaßt, so daß sich eine Konstruktion für die Standpunktkurve erübrigt.

Anwendungsbeispiel

Ein Baukörper ist in seinen Rissen bekannt, die Horizonthöhe h_n festgelegt, ein objektives, perspektives Abbild ist zu zeichnen. In der Tafel der Fluchtpunktabstände (Tafel 2) sind die zur Konstruktion benötigten Ausgangsgrößen – in der Spalte $f_{b/b}$ die Abstände der Fluchtpunkte der Breiten, gemessen auf dem Horizont vom Hauptpunkt H aus; das gleiche gilt für die Spalte $f_{l/b}$, die Abstände der Fluchtpunkte der Längen – angegeben und auf das Verhältnis von maximaler Breite zu maximaler Länge eines Grundrisses bezogen ($b:l = 1:n$).

Zunächst wird (Bild 41), ohne Maßstabsverhältnisse zu berücksichtigen, durch einfaches Abmessen aus dem Grundriß, das b/l-Verhältnis gebildet:

$$b = 30 \text{ mm}, \quad l = 70 \text{ mm}$$
$$b:l = 1:2{,}333$$

Aus der Tafel 2 werden für $n = 2{,}333$ die entsprechenden Werte für $f_{b/b}$ bzw. $f_{l/b}$ durch Interpolation ermittelt und, da sie auf $b = 1$

Tafel 2 Fluchtpunktabstände $b:l = 1:n$. Die Fluchtpunktabstände $f_{b/b}$ und $f_{l/b}$ sind auf das Verhältnis von maximaler Breite zu maximaler Länge eines Grundrisses bezogen sowie die dazugehörigen Distanzwerte d angegeben.

n	$f_{b/b}$	$f_{l/b}$	d_n	n	$f_{b/b}$	$f_{l/b}$	d_n	n	$f_{b/b}$	$f_{l/b}$	d_n
1,0	1,70711	1,70711	1,70711	2,4	2,32799	3,41353	2,81898	4,6	3,24732	6,04992	4,43239
1,05	1,73038	1,76906	1,79691	2,45	2,34939	3,47382	2,85681	4,7	3,28838	6,16924	4,50408
1,1	1,75354	1,83088	1,74791	2,5	2,37076	3,53409	2,89456	4,8	3,32039	6,28852	4,57569
1,15	1,77657	1,89260	1,83367	2,55	2,39210	3,59433	2,93223	4,9	3,37036	6,40779	4,64721
1,2	1,79950	1,95421	1,87526	2,6	2,41340	3,65455	2,96982	5,0	3,41129	6,52702	4,71864
1,25	1,82232	2,01572	1,91659	2,65	2,43467	3,71474	3,00735	5,2	3,49304	6,76542	4,86126
1,3	1,84505	2,07714	1,95766	2,7	2,45591	3,77491	3,04481	5,4	3,57466	7,00372	5,00359
1,35	1,86769	2,13848	1,99850	2,75	2,47712	3,83506	3,08219	5,6	3,65614	7,24194	5,14563
1,4	1,89024	2,19974	2,03912	2,8	2,49831	3,89519	3,11951	5,8	3,73751	7,48007	5,28742
1,45	1,91270	2,26092	2,07959	2,85	2,51946	3,95530	3,15677	6,0	3,81876	7,71814	5,42897
1,5	1,93509	2,32204	2,11975	2,9	2,54059	4,01538	3,19397	6,5	4,02145	8,31302	5,78190
1,55	1,95740	2,38308	2,15978	2,95	2,56169	4,07548	3,23111	7,0	4,22359	8,90755	6,13367
1,6	1,97964	2,44407	2,19963	3,0	2,58277	4,13550	3,26819	7,5	4,42528	9,50177	6,48443
1,65	2,00182	2,50450	2,23932	3,1	2,62486	4,25554	3,32218	8,0	4,62653	10,09574	6,83435
1,7	2,20393	2,56587	2,27884	3,2	2,66685	4,37552	3,41597	8,5	4,82745	10,68949	7,18352
1,75	2,04597	2,62669	2,31822	3,3	2,70875	4,49543	3,48956	9,0	5,02805	11,28305	7,53205
1,8	2,06796	2,68745	2,35745	3,4	2,75057	4,61528	3,56296	9,5	5,22839	11,87644	7,88002
1,85	2,08989	2,74817	2,39654	3,5	2,79232	4,73508	3,63619	10,0	5,42849	12,46968	8,22748
1,9	2,11177	2,80885	2,43550	3,6	2,83989	4,85483	3,70925	15,0	7,42066	18,39675	11,68401
1,95	2,13360	2,86948	2,47433	3,7	2,97522	4,97522	3,78215	20,0	9,40408	24,31859	15,12263
2,0	2,15537	2,93007	2,51305	3,8	2,91713	5,09417	3,85491	30,0	13,36043	36,15613	21,97865
2,05	2,17710	2,99062	2,55164	3,9	2,95859	5,21377	3,92752	40,0	17,31082	47,99024	28,82274
2,1	2,19878	3,05114	2,59013	4,0	3,64912	5,33333	4,00000	50,0	21,25860	59,82285	35,66161
2,15	2,22042	3,11162	2,62852	4,1	3,04135	5,45285	4,07335				
2,2	2,24201	3,17206	2,66680	4,2	3,08265	5,57234	4,14580				
2,25	2,26357	3,23248	2,70498	4,3	3,12389	5,69178	4,21669				
2,3	2,28508	3,29286	2,74307	4,4	3,16508	5,81119	4,28869				
2,35	2,30655	3,35321	2,78108	4,5	3,20623	5,93057	4,36059				

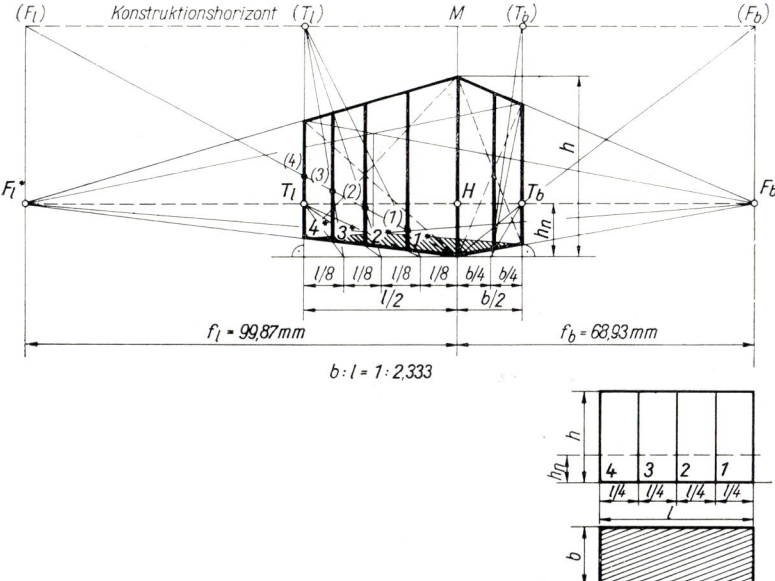

Bild 41 Objektive perspektive Abbildung nach dem pP-Schnellriß-verfahren

pP perspektive Punktreihen

bezogen sind, mit der ermessenen Breite 30 erweitert, und man erhält für

$$f_b = 68,928 \text{ mm}, \quad f_l = 99,87 \text{ mm}.$$

Diese Maße werden nach den Orientierungsrichtungen des Grundrisses auf dem Horizont vom Hauptpunkt aus angetragen, womit sich die Fluchtpunkte ergeben. Im gegebenen Abstand vom Horizont wird die Horizonthöhe von z. B. $h_n = 12$ mm angetragen und damit die Basis erhalten. Auf der Basis werden im Fußpunkt des Lotes von H die halbe Länge $l/2 = 35$ mm und halbe Breite $b/2 = 15$ mm, orientiert nach den Fluchtpunktrichtungen, aufgetragen. Die Normalen in den Endpunkten schneiden den Horizont in den Teilungspunkten T_b bzw. T_l. Damit sind die Bestimmungswerte gegeben, das eigentliche Zeichnen des perspektiven Abbilds kann beginnen.

Zur Unterteilung der Länge in vier gleich lange Teile werden diese Teilstücke auf der Basis um die Hälfte verkürzt aufgetragen, mit dem Teilungspunkt T_l verbunden und mit der fluchtpunktorientierten Länge geschnitten. Es ergeben sich die Punkte $1^\star$ bis $4^\star$. Bei verhältnismäßig niedriger Horizonthöhe kann diese Konstruktion zu Schleifschnitten führen. Um diesem Umstand zu begegnen, wird ein Konstruktionshorizont beliebiger Höhe eingeführt, auf den nun die Fluchtpunkte (F_l), (F_b) und die Teilungspunkte (T_l), (T_b) orientiert werden müssen. Das Ergebnis sind die Schnittpunkte (1) bis (4). Zu Kontrollzwecken sind die Flächendiagonalen (gestrichelt) eingetragen. Die gleiche Konstruktion gilt für die Halbierung der Breitenfläche des Baukörpers.

Der Konstruktionsvorgang ist auch umkehrbar. Werden z. B. im perspektiven Abbild Korrekturen von Zwischenwerten – im Stadium der Entwurfsbearbeitung – vorgenommen, dann lassen sich diese maßstäblich in den Grundriß zurückführen.

In der Tafel 2 ist zur Vervollständigung der zugehörige Distanzwert angegeben, der allerdings zur eigentlichen Konstruktion nicht gebraucht wird. Zum Vergleichen wurde d in Bild 40 eingetragen.

Auch *ohne* die Tafel 2 kann durch eine Näherungskonstruktion eine objektiv-perspektive Abbildung gezeichnet werden. Der Brauchbarkeit der Lösung sind allerdings Grenzen gesetzt, da bei größeren Verhältniswerten die Näherungslösungen des Standpunktes den Genauigkeitsanforderungen nicht mehr entsprechen.

Approximative Standpunktbestimmung

Takt 1

Der rechtwinklige Grundriß wird unter 45° gegen die Basis geneigt gezeichnet, wobei der Berührungspunkt einer Ecke in H zu liegen kommt (Bild 42). Auf der Basis wird von H aus die halbe maximale Länge (Punkt 2) und die halbe maximale Breite (Punkt 4) aufgetragen. Nun wird der Endpunkt der Länge 1 mit 2 verbunden und so lange verlängert, bis der Schnitt mit dem Hauptstrahl eintritt (L). Für die Breite gilt das gleiche (B). Die Strecke BL wird halbiert, es ergibt sich der Standpunkt St_o mit der Distanz d_o.

Takt 2

Um H als Mittelpunkt sind zwei Kreisbogen mit den Radien l bzw. b zu schlagen. Dann wird St_o mit 2 und 4 verbunden und bis zum Schnitt mit den Kreisbogen verlängert. Punkt 1_o bzw. 3_o sind nun Endpunkte der Länge bzw. Breite des so gedrehten Grundrisses, so daß die perspektive Abbildung objektiv erscheint.

Takt 3

Die Parallelen zu $H1_o$ bzw. $H3_o$ durch St_o ergeben im Schnitt mit der Basis den Fluchtpunktabstand für F_l bzw. F_b.

Das Zeichnen des perspektiven Bildes kann nun nach dem platzsparenden Schnellrißverfahren erfolgen, wie es bereits beschrieben wurde.

Bild 42 Approximative Ermittlung der Bestimmungsstücke für das pP-Schnellrißverfahren

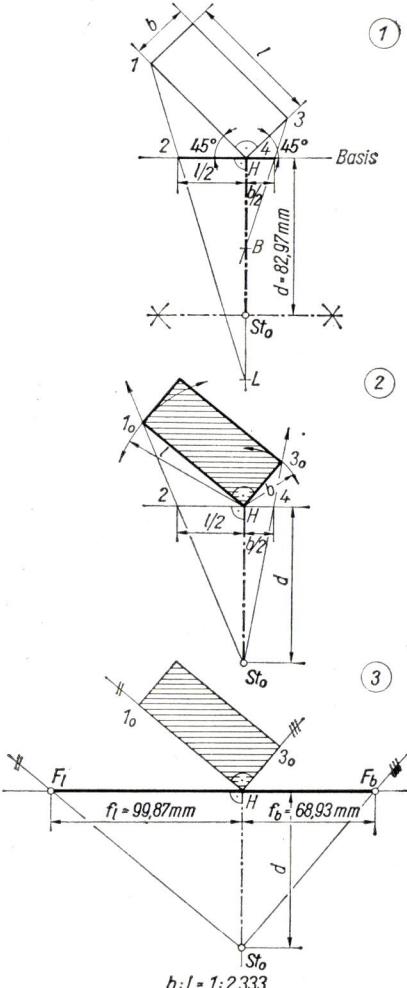

5.2. Bildebenenverschiebung

Bei der Wertung der Beeinflussungsfaktoren wurde die Lage der Bildebene zum Baukörper, besonders im Vergleich zu den wahren Größen der Ausgangsmaße, hervorgehoben (Bild 43). Diese Erkenntnisse der Vergrößerung bzw. Verkleinerung des perspektiven Abbilds lassen sich günstig für folgenden praktischen Fall anwenden:

Ein in seinen Rissen bekannter Baukörper, der im Maßstab $1:N$ gezeichnet ist, soll perspektiv dargestellt werden. Der Maßstab $1:N$ ist aber so klein, daß, abgesehen von der unvermeidlichen zeichentechnischen Ungenauigkeit, die perspektive Ansicht keinen ausreichenden Überblick bieten würde. Um eine größere Ansicht zu erhalten, braucht der Grundriß nicht zeichnerisch vergrößert zu werden, sondern durch eine beliebige Parallelverschiebung der Bildebene zu ihrer Ausgangslage in Richtung vom Standpunkt weg kann jede beliebige Vergrößerung der perspektiven Ansicht erreicht werden. Bei einer Parallelverschiebung der Bildebene in Richtung zum Standpunkt ergibt sich jede beliebige Verkleinerung der perspektiven Ansicht. Zunächst wird im Maßstab $1:N$ die Ermittlung der Bestimmungsstücke vorgenommen. Um z. B. eine Verdoppelung des perspektiven Abbilds zu erzielen, muß die Bildebene parallel zur Ausgangslage um die doppelte Entfernung vom Standpunkt $(2d)$ in der Richtung vom Standpunkt weg verschoben werden.

Nach dem Strahlensatz verhält sich

$$d:2d = a:2a \qquad (10)$$

Alle Durchstoßpunkte werden nun mit der verschobenen Basis bestimmt. Die Höhen im perspektiven Abbild sind in der wahren Größendarstellung ebenfalls in doppelter Vergrößerung anzutragen, wie $2h$ als Horizonthöhe, wie 2mal die Strecke von 1 bis 5 usw. Der Ausgangsmaßstab des Grundrisses war $1:N$; der Maßstab nach der doppelten Vergrößerung wird demzufolge für die wahren Größen der perspektiven Ansicht $1:N/2$ betragen.

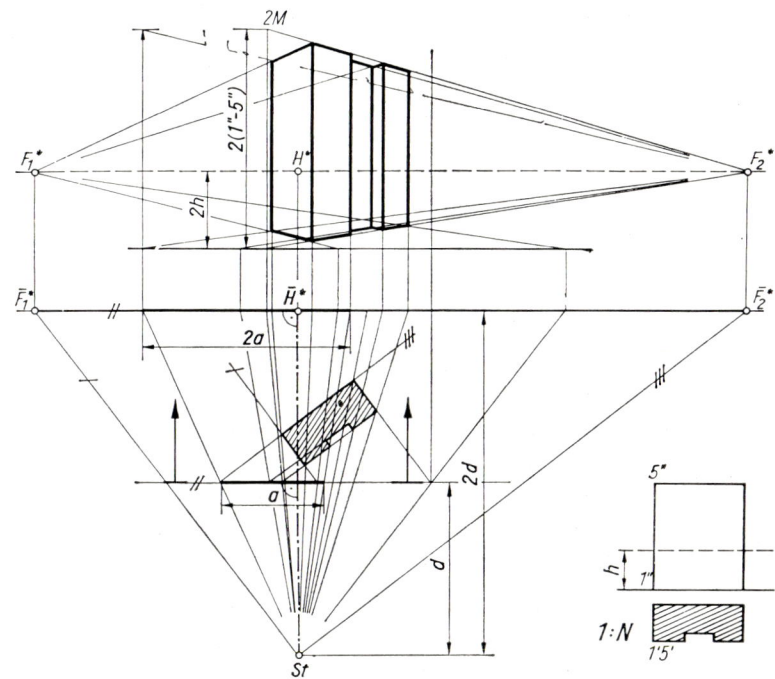

Bild 43 Proportionsmäßige Parallelverschiebung der Bildebene, zur maßstäblichen Vergrößerung des perspektiven Abbilds

Bei einer Verkleinerung der perspektiven Ansicht im Vergleich zum Grundriß, die selten zu konstruieren ist, wird nach den gleichen Grundlagen des Strahlensatzes verfahren, nur erfolgt die Bildebenenverschiebung in Richtung zum Standpunkt.

5.3. Perspektive Parallele ohne Fluchtpunkt

Grundrisse mit geringer Breite, dafür aber großer Länge (z. B. eine Brücke) zeigen für die perspektive Konstruktion das Hindernis, daß einer ihrer Fluchtpunkte weit außerhalb der Zeichenebene zu liegen kommt. Von den Möglichkeiten, mit ausreichender Genauigkeit die Begrenzung der Zeichenebene zu überwinden, sollen praktische Lösungen aufgezeigt werden, wobei zur schematischen Darstellung die Verzerrungsfreiheit der Abbildung unberücksichtigt bleibt; zu Kontrollzwecken sind die Fluchtpunkte mit eingetragen worden.

Ausgegangen wird von einem rechtwinkligen Baukörper, der in seinen Rissen bekannt ist und dessen Horizonthöhe festgelegt wurde.

Ein Fluchtpunkt unzugänglich

Perspektive Leiterkonstruktion. Der Fluchtpunkt F_2 liegt außerhalb der Zeichenebene (Bild 44a).

Seine Lage ist durch das rechtwinklige Fluchtpunktdreieck $HStF_2$ gegeben, in dem die Kathete HF_2 zu ermitteln ist.

φ = Neigungswinkel des Grundrisses gegen die Basis.

$$\tan(90° - \varphi) = \frac{x}{d} \tag{11}$$

$$x = d \cot \varphi \tag{12}$$

Bild 44 Konstruktion perspektiver Parallelen ohne Fluchtpunkte

a) zentrisch ähnliche Dreiecke; b) projizierende Hilfsebenen

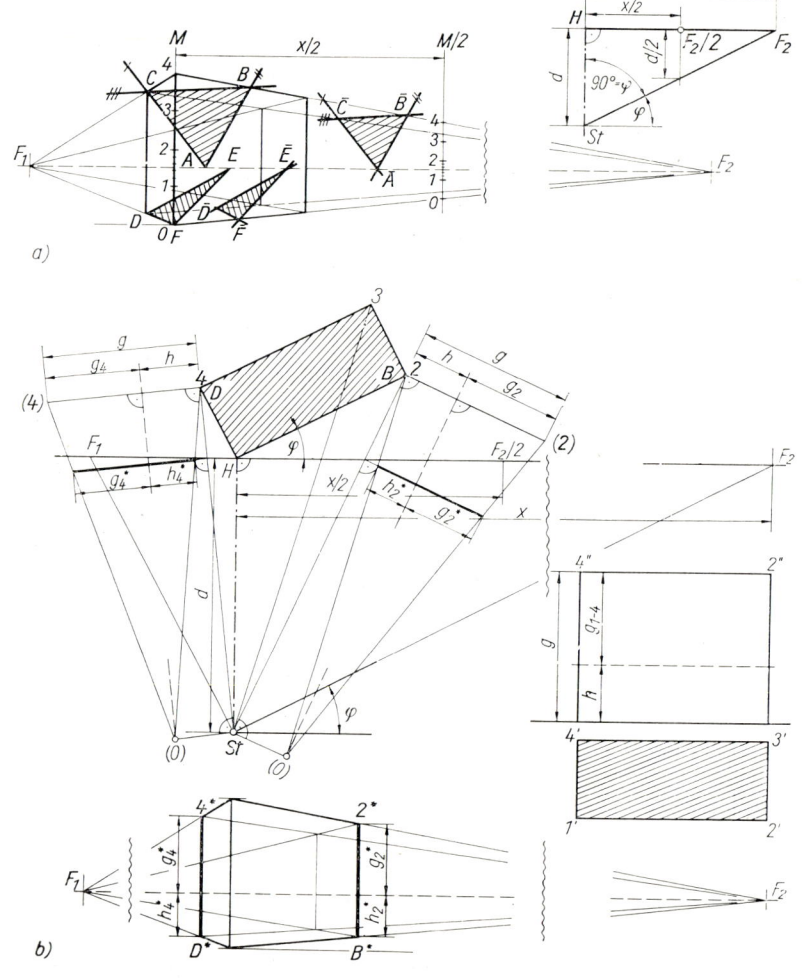

62

Nun wird $HF_2/2$ gleich $x/2$ angetragen, dann verhält sich nach dem Strahlensatz

$$d : x = \frac{d}{2} : \frac{x}{2} ; \tag{13}$$

dann gilt weiter: Maßeinheiten auf M (Meßkante) verhalten sich zu Maßeinheiten auf $M/2$ wie $1 : 1/2$. Auf der Parallelen zu M in der Entfernung von $x/2$ werden vom Horizont aus nach oben und unten die halbierten Maßeinheiten aufgetragen, wobei die Verbindungen gleichnamiger Punkte nach dem Fluchtpunkt F_2 weisen. Die Teilung von x wird so gewählt, daß der Teilungsmaßstab möglichst an den Rand des Zeichenblatts zu liegen kommt.

Zentrisch ähnliche Dreiecke (Bild 44a). Ist z. B. ein Punkt C mit F_2 zu verbinden, kann so vorgegangen werden: Auf dem Horizont wird ein beliebiger Punkt A und auf der von 4 ausgehenden fluchtpunktmäßig orientierten Geraden ein beliebiger Punkt B gewählt. Beide Punkte werden mit C zu einem Dreieck verbunden. Zu diesem Dreieck wird ein ähnliches und paralleles Dreieck $\overline{ABC}$ derart gezeichnet, daß $\overline{A}$ auf dem Horizont, $\overline{B}$ auf der Fluchtgeraden 4 liegt. Dann ist die Verbindung von C mit $\overline{C}$ die gesuchte Fluchtung, weil F_2 das Ähnlichkeitszentrum der beiden zentrisch ähnlichen Dreiecke ist.

Analog wird mit dem Dreieck $\overline{DEF}$ verfahren.

Zwei Fluchtpunkte unzugänglich

Auch ohne Fluchtpunkte kann eine perspektive Zeichnung angefertigt werden, jedoch wird die Größe der Zeichnung ihre Genauigkeit bestimmen (s. Bild 44b). Durch die lotrechten Kanten des Baukörpers und das Projektierungszentrum werden Hilfsebenen gelegt, die damit senkrecht zur Grundebene stehen und mit der Bildebene sowie der Grundebene Schnittgeraden bilden werden. Die Hilfsebenen werden um die Schnittgeraden mit der Grundebene in die Grundebene umgelegt und stellen dort wahre Größen dar. Die wahren Gebäudehöhen und die Horizonthöhe werden aufgetragen. Dann

sind auf den Schnittgeraden mit der Bildebene die perspektiven Verkürzungen abzulesen, z. B. Gebäudekante *2*. Auf der Schnittgeraden mit der Bildebene sind nach dem Strahlensatz die verkürzte Horizonthöhe h_2^* und die darüberliegende Gebäudehöhe g_2^* abzulesen und ihrer Lage entsprechend im perspektiven Abbild vom Horizont aus anzutragen. So wird für alle Gebäudekanten verfahren; die Verbindungen der Endpunkte sind dann fluchtpunktmäßig orientiert.

5.4. Schatten, Wasserspiegelung

Schatten

Die Anschaulichkeit jeder perspektiven Abbildung wird durch das Einzeichnen ihrer Schatten erhöht.

Wird, allgemein gesehen, ein Körper von Lichtstrahlen getroffen, so ist nur der Teil beleuchtet, der der Lichtquelle zugewandt ist; der abgewandte Teil liegt im Schatten, im Eigenschatten. Die Kurve auf dem Körper, die den beleuchteten Teil vom unbeleuchteten Teil trennt, wird Eigenschattengrenze genannt. Außerdem wirft der Körper auf jede beliebige, hinter ihm liegende Fläche einen Schatten, den Schlagschatten. Nach der Lage der einfallenden Lichtstrahlen wird unterschieden:

Parallelbeleuchtung = Sonnenbeleuchtung
Zentralbeleuchtung = künstliche Lichtquelle.

Für die architektonische Perspektive ist vor allem die Sonnenbeleuchtung von Bedeutung. Dabei wird die Annahme, daß sich die Lichtquelle links seitlich vom Beobachter mit zur Bildebene parallel einfallenden Lichtstrahlen befindet, bevorzugt (alle Lichtstrahlen) durch *1-A* bilden eine Lichtstrahlenebene), weil damit nur eine wenige Linien beanspruchende, übersichtliche Konstruktion verbunden ist (Bild 45a).

Die Körperkanten *1* bis *4* werden als zur Grundebene senkrecht stehende Stäbe angesehen. Durch den Endpunkt, z. B. *2**, wird ein Lichtstrahl gelegt und sein Durchstoßpunkt mit der Grundebene derart bestimmt, daß der Lichtstrahl mit seiner Projektion auf der Grundebene – die im Fußpunkt des Stabes *B** beginnt und parallel zum Horizont verläuft – zum Schnitt gebracht wird. Dieser Schnittpunkt 2_s stellt mit der Verbindung des Fußpunktes *B**, der gleichzeitig sein eigener Schlagschatten ist, den Schlagschatten des Stabes *2* dar. Der Vorgang wird für die anderen Stäbe wiederholt. Die Verbindungsgerade der Endpunkte, z. B. *1** mit *2**, die nach dem Fluchtpunkt F_2 orientiert ist, wird als ihren Schlagschatten die Verbindung von 1_s mit 2_s aufweisen, wobei diese Verbindung auf Grund ihrer affinen Lage ebenfalls nach F_2 orientiert sein muß.

Die von den zwei Stäben *1* und *2* gebildete Ebene liegt im Eigenschatten, ebenfalls die Stabebene *2* mit *3*. Die Eigenschattengrenze verläuft demnach von Fußpunkt *A**, Endpunkt *1**, Verbindung *1** über *2** nach *3**, Fußpunkt *C** und ist bestimmend für den Schlagschatten. Die endgültige Begrenzung des Schlagschattens wird durch die Sichtbarkeitsverhältnisse des Baukörpers festgelegt.

Den Normalfall stellt eine Sonnenbeleuchtung mit im Rücken des Beobachters befindlicher Sonne dar (Bild 45b). Auch hier bestimmen die einzelnen Durchstoßpunkte die Schattengrenze. Weil sich aber die Lichtstrahlebene zur Bildebene in allgemeiner Lage befindet, werden die wohl untereinander parallelen Lichtstrahlen nun perspektiv orientiert einfallen, nämlich nach ihrem Fluchtpunkt F_s konvergierend. F_s^* (der zur Konstruktion angenommen wird) entsteht als Durchstoßpunkt eines Lichtstrahls mit der verlängerten Bildebene; sein Fußpunkt F_s liegt senkrecht darüber im Horizont. Die Konstruktion des Schlagschattens ist analog der eben beschriebenen auszuführen. Für alle Sonnenbeleuchtungen gilt, daß die

Bild 45 Perspektive Schattenkonstruktion

a) Lichtstrahlen parallel zur Bildebene;
b) Lichtstrahlen schräg zur Bildebene

64

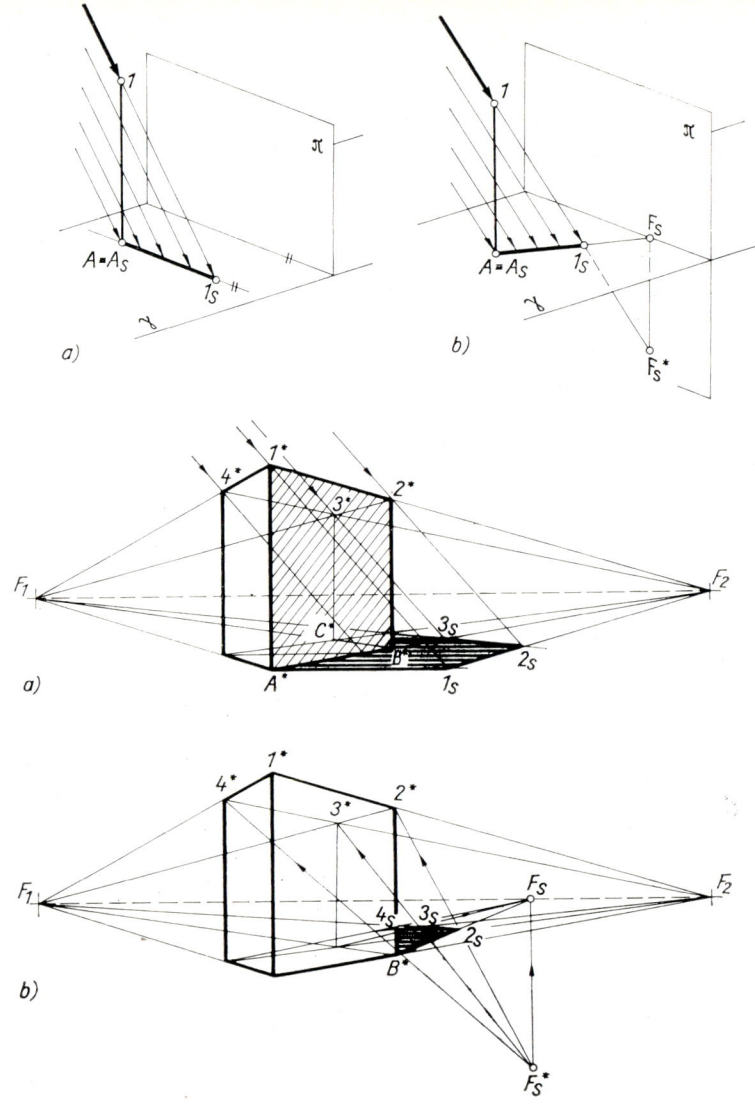

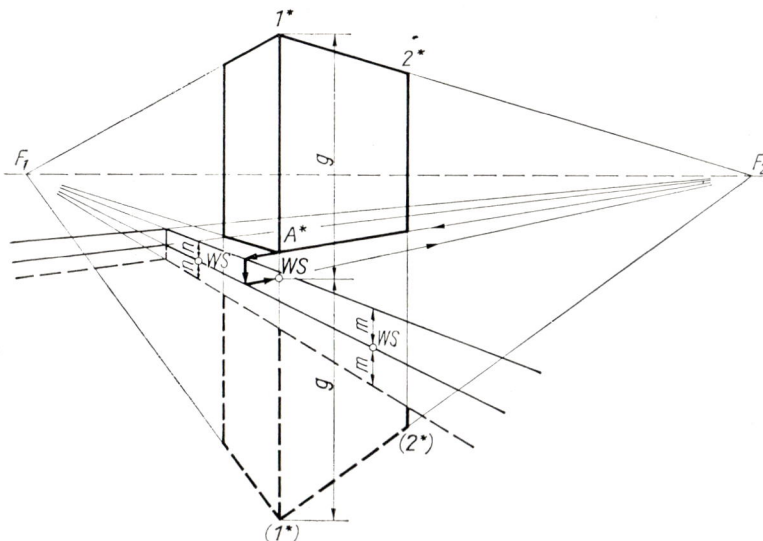

Bild 46 Perspektive Wasserspiegelung

Größe des Einfallswinkels der Sonnenstrahlen abhängig ist von der geografischen Breite des Ortes. Das bedeutet für das Gebiet der DDR, daß sich der maximale Einfallswinkel der Lichtstrahlen in den Grenzen von $\approx 59{,}5°$ bis $\approx 63{,}5°$ bewegen kann.

Wasserspiegelung

Das Spiegelbild eines Punktes liegt, bezogen auf die spiegelnde Fläche, symmetrisch. Bei der Wasserspiegelung ist die Spiegelfläche immer waagerecht. Bild und Spiegelbild haben denselben Fluchtpunkt. Zur Konstruktion (Bild 46) wird der perspektive „Wasserpunkt" WS (Wasserspurpunkt) der Gebäudekante *1* bestimmt. Dazu wird der Fußpunkt $A^\star$ auf die Spiegelfläche, den Punkt WS, bezogen (Pfeilrichtungen), von dem die Gesamthöhe *g* bis zum Endpunkt *1*⋆

in entgegengesetzter Richtung aufzutragen ist (*1*⋆). Die Gebäudekante *1*⋆ nach *2*⋆, die auf F_2 orientiert ist, wird im Spiegelbild die gleiche fluchtpunktmäßige Orientierung aufweisen: (*1*⋆) nach (*2*⋆) konvergieren nach F_2. Die Sichtbarkeitsverhältnisse des gespiegelten Baukörpers werden durch die Spiegelung des Beckenrands mit beeinflußt, der ebenfalls zu konstruieren ist. Hier ist in jedem Punkt der Wasserlinie der WS-Punkt gegeben. Es braucht nur die jeweilige Beckenhöhe (z. B. *m*, *n*) aufgetragen und die fluchtpunktmäßige Orientierung (F_1) vorgenommen zu werden.

5.5. Kurven- und Drehkörperdarstellung

Kurven

Zur perspektiven Abbildung von Kurven wird das Netz- oder Rasterverfahren angewandt, das vorteilhaft aus quadratischen Elementen zusammengesetzt ist (Bild 47 a). Das über den Grundriß gelegte Netz wird unter Beachtung der Beeinflussungsfaktoren perspektiv abgebildet. Um ungenaue schleifende Schnitte zu vermeiden, kann mit einem „Konstruktionshorizont" gezeichnet werden, wie bereits in Bild 41 dargestellt. In dieses vorbereitete System werden die Schnittpunkte der Kurve mit den Netzfäden übertragen. Die Tangenten in den Schnittpunkten im Grundriß erleichtern wesentlich die Festlegung des perspektiven Abbilds. Zu diesem Zweck sind diese aus dem Grundriß in die perspektive Darstellung zu übertragen.

Kurven, deren Gesetzmäßigkeiten bekannt sind, werden sich mit weniger Konstruktionspunkten und Tangenten übertragen lassen als freie Kurven, bei denen je nach verlangter Genauigkeit oft ein Übertragen nach dem Augenmaß ausreicht.

Zu den wichtigsten gesetzmäßigen Kurven werden Kreise oder Teile von Kreisen (Kreisbogen) gehören (Bild 47 b).

Ihre perspektive Abbildung ist von der Lage der Kreisebene zur Bildebene abhängig. Als Kreis wird nur dann eine Abbildung zu-

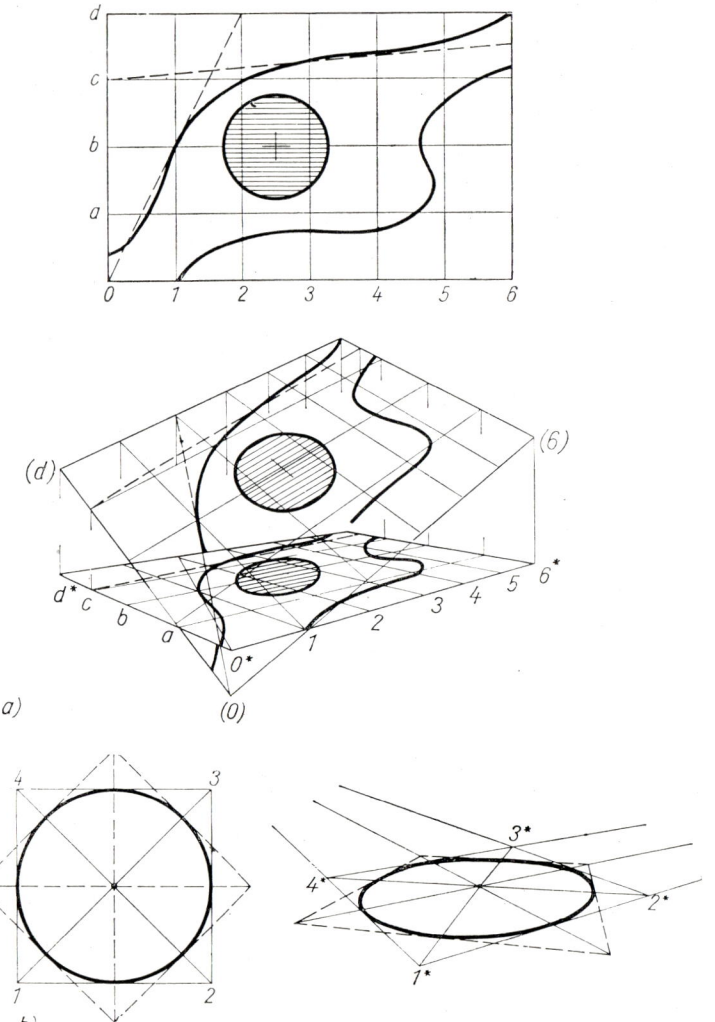

stande kommen, wenn sich die Kreisebene entweder direkt in der Bildebene oder in paralleler Lage zur Bildebene befindet. Alle anderen Lagen werden Kreise als Ellipsen, Parabeln, Hyperbeln oder als Strecken abbilden.

Grundsätzlich sind Kurvendarstellungen mit wenigen, aber möglichst genauen Punkten vorzunehmen, wobei wenige Punkte mit Tangenten nützlicher sind als viele Punkte ohne Tangenten.

Drehkörper

Um Drehkörper perspektiv darzustellen, werden durch diese Schnitte gelegt, die senkrecht zur Drehachse verlaufen müssen. Die entstehenden Schnittkreise sind perspektiv zu übertragen, ihre Umhüllungskurve ergibt den perspektiven Umriß.

Bild 47a Perspektive Kurvenübertragung – freie Kurven (Netz- oder Rasterverfahren)

Bild 47b Perspektive Kurvenübertragung – gesetzmäßige Kurve (Tangentenviereck)

6. Darstellung der Staffage und des Umgebenden

Das Ergebnis einer geometrischen Perspektivkonstruktion ist das in Bleistift gezeichnete Konzept. Da die perspektive Abbildung eine Mittlerrolle zwischen Entwurfsbearbeiter einerseits, Auftraggeber und interessierten Bevölkerungskreisen andererseits einnimmt, ist es notwendig, das perspektiv gezeichnete Bauvorhaben mit seiner Umgebung in einer Zeichnung zum Ausdruck zu bringen. Das wird durch das im Größenverhältnis richtige Eintragen der menschlichen Figur, der Verkehrsmittel, des Grünen usw. erreicht. Hierbei sind Verzeichnungen äußerst peinlich und können der sonst richtig gezeichneten perspektiven Konstruktion eines Bauvorhabens sehr schaden. Im folgenden werden nun die grafischen Möglichkeiten für „die Staffage und das Umgebende" untersucht.

6.1. Menschliche Figur

Die menschliche Figur gibt einer Darstellung Lebendigkeit, unterstützt den Maßstab und die räumliche Wirkung. Eine gewisse Scheu vor dem Zeichnen der Figur mag berechtigt sein, darf aber nicht dazu führen, Vorlagen einer Modenzeitschrift zu entlehnen. Bei derartigen Figuren geht es vor allem um die Bekleidung, sie erscheinen daher zu wichtig im Schaubild. Für den zaghaft an das Figurenproblem Herangehenden gibt es eine simple Brücke: Mit der gewöhnlichen Wäscheklammer als Hilfsgerüst können die erforderlichen Figuren gezeichnet werden, allerdings beschränkt auf Vorder- und Rückansicht, evtl. Halbprofil (Bild 48).

Selbstgefertigte Ton- oder Plastilinschemas helfen, Bewegungsphasen zu veranschaulichen (Bild 49).

Auf 35 mm × 120 mm große Ton- oder Plastilintäfelchen wird in der Höhe eine Achtelteilung, in der Breite eine Dreiteilung eingeritzt. Das Figurenschema wird ebenfalls eingeritzt, eingeschnitten und die schraffierten Teile entfernt, sie evtl. als Standfläche der Figuren benutzend. Diese „Schemas" lassen sich bei einiger Geschicklichkeit in alle Bewegungsphasen einstellen.

Unter den vielen Möglichkeiten, Figuren zu zeichnen, dürfte die nachstehende vor allem für den konstruktiv Denkenden und Zeichnenden geeignet sein (Bild 50). Sie geht davon aus, mit Hilfe von Strichmännchen, treffender „Lattenmännchen", menschliche Proportionen und Bewegungsphasen zu zeichnen. Das „Anziehen" spielt zunächst keine Rolle. Das Figurengerüst ist in das Schema für die „Tonmännchen" eingezeichnet. Nun gilt es, die verschiedensten Geh- und Laufbewegungen, das Treppensteigen, Lastentragen, Sitzen usw. durchzuspielen. Aufmerksames Beobachten auf Straßen und Plätzen – vielleicht sogar ein notierendes Skizzieren – wird helfen das Typische jeder Bewegung zu erfassen. Auf die Zeichnungen mit „Lattenmännchen" wird Transparentpapier gelegt, und nun werden diese Figuren modern angezogen.

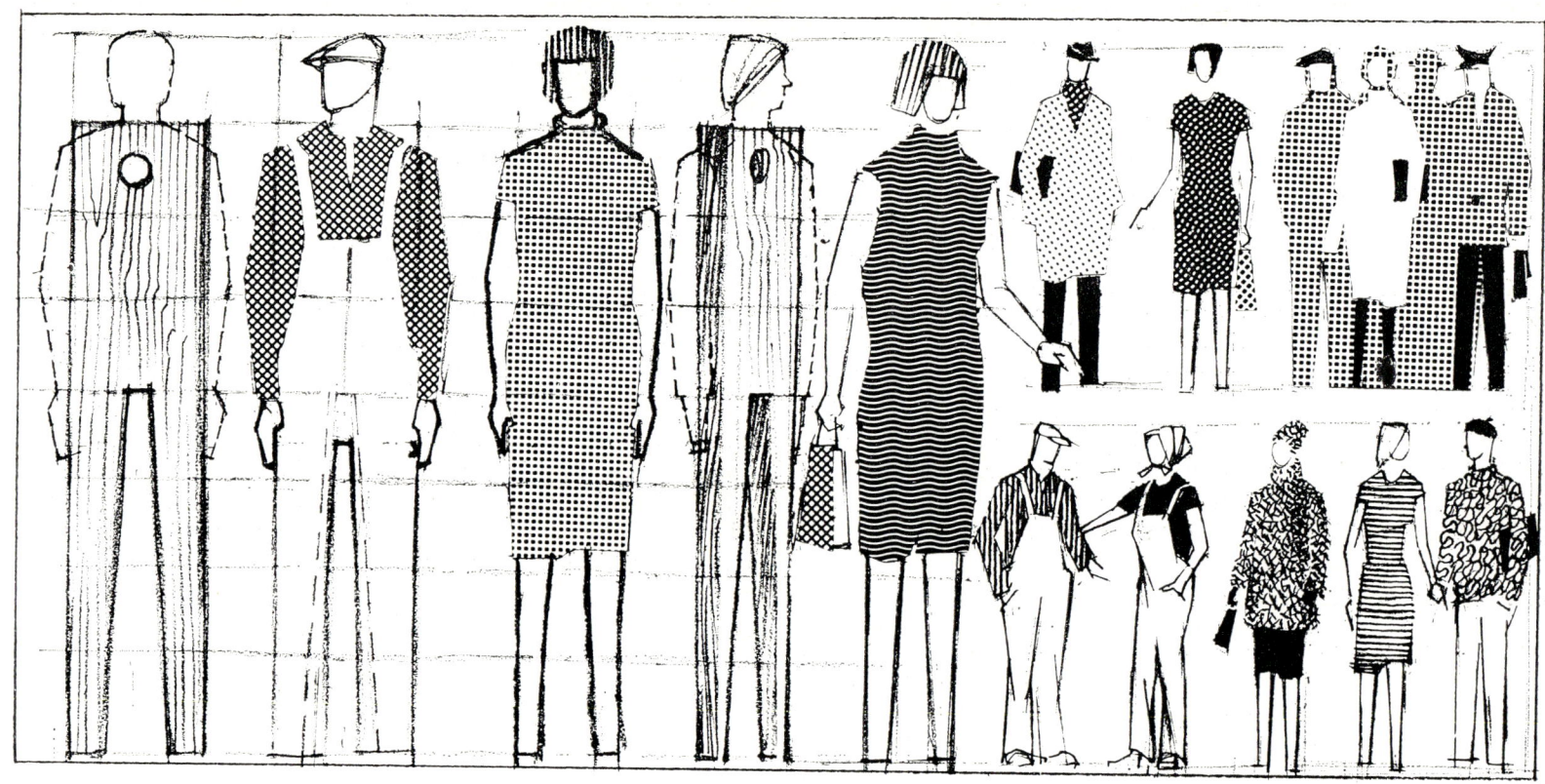

Bild 48 Einfache Figurenschemas mit der Wäscheklammer als Hilfsgerüst. Bleistift, Tusche, Rasterpapier

Bild 49 Bewegungsphasen der menschlichen Figur mit Hilfe von Ton- oder Plastilinschemas

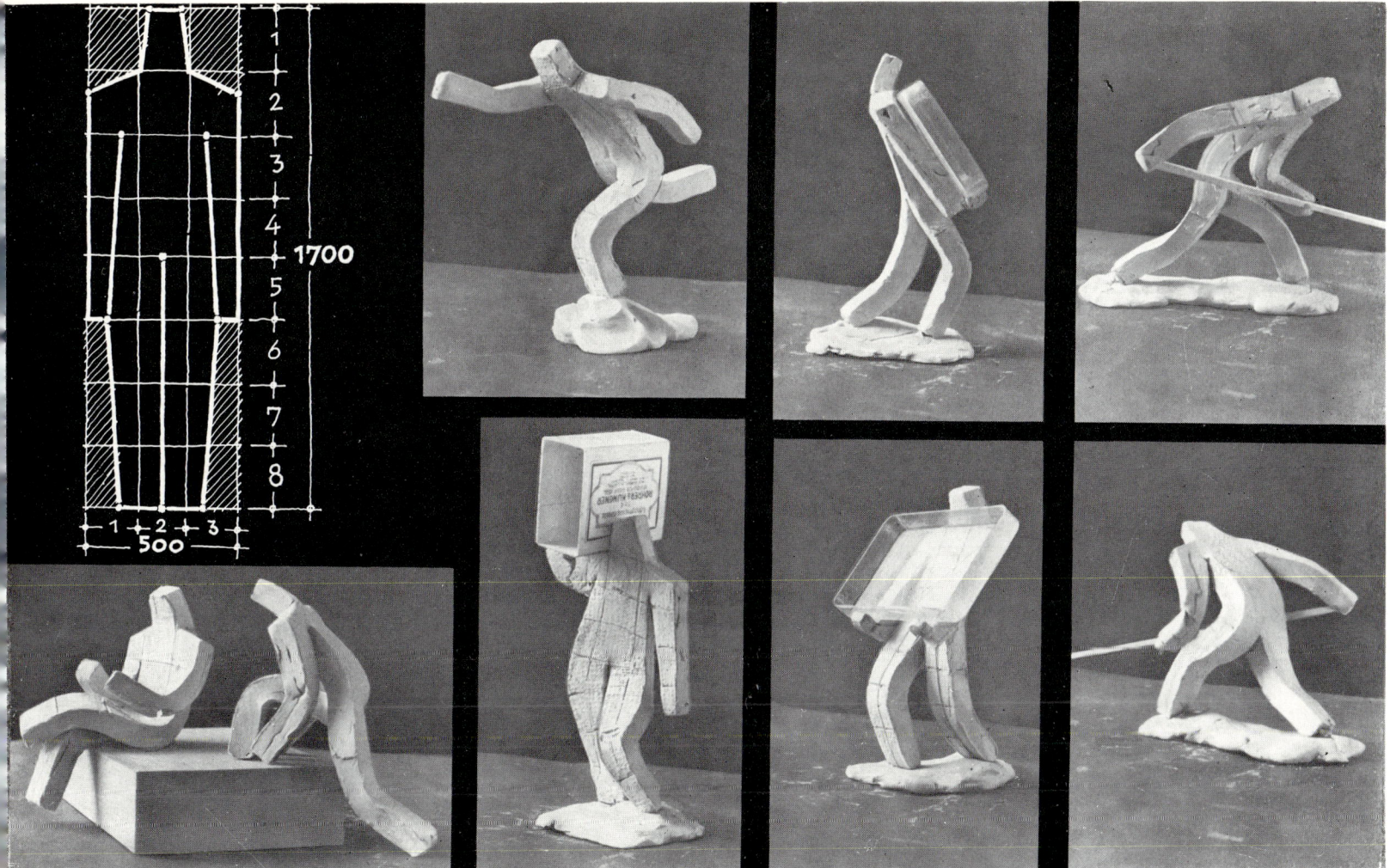

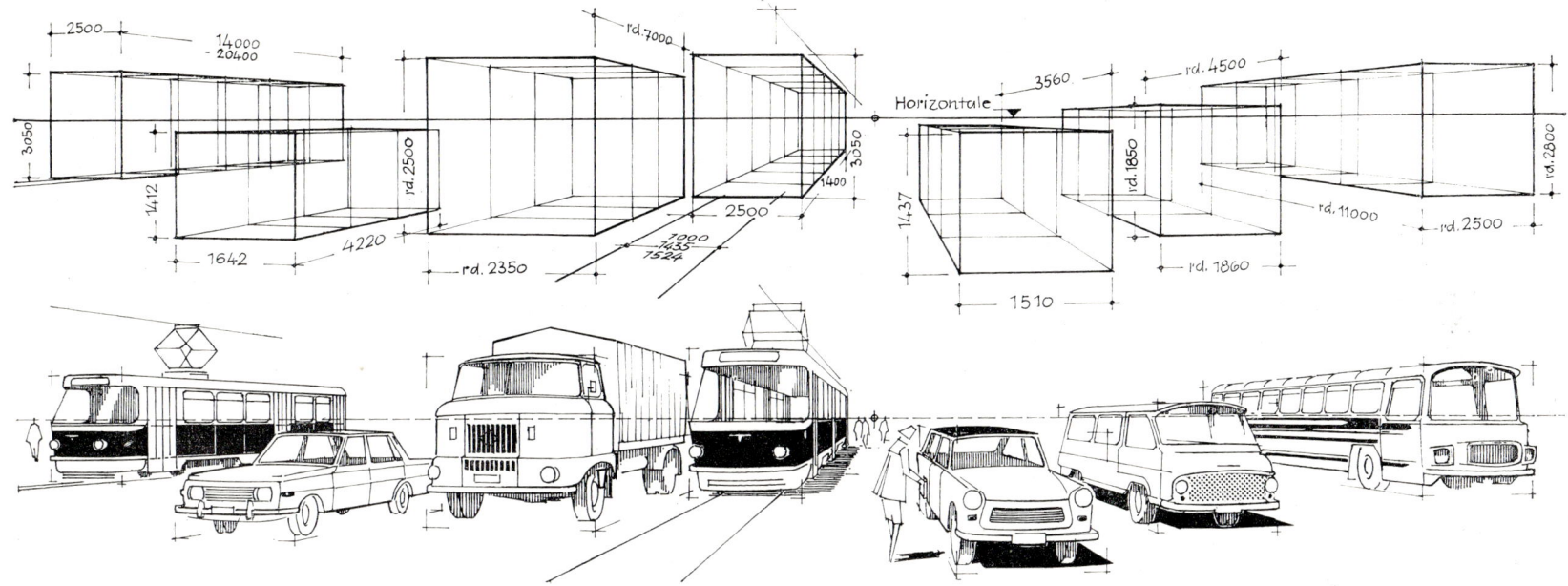

Bild 50 Die Figur in ihren verschiedenen Bewegungen, als Gerüst und bekleidet. Bleistift, Tusche, Rasterpapier

Bild 51 Verkehrsmittel, mit Hilfsgerüst gezeichnet. Tusche und Rasterpapier

6.2. Verkehrsmittel

Proportional richtig gezeichnet, sind sie (gleich der menschlichen Figur) im Schaubild maßstabgebend. Die Darstellungen zeigen oft übertrieben lang geratene Fahrzeuge. Es empfiehlt sich, entsprechende Hilfsgerüste perspektivisch zu konstruieren, in die die Fahrzeuge durch weitere Unterteilung in den richtigen Proportionen eingezeichnet werden können.

Es gibt im Fahrzeugbau einen langsamen, aber stetigen Formenwandel, der allerdings die Größen kaum berührt. Straßenbreiten, Krümmungshalbmesser sind die Gewähr, daß die Dimensionen sich nicht wesentlich ändern.

So hat das Hilfsgerüst für den Kleinwagen eine Breite von etwa 1400 mm; die Höhe beträgt ebenfalls etwa 1400 mm. Die Länge beträgt etwa das 2½fache der Höhe. Beim Lieferwagen ist es etwa 1850 mm Breite und etwa 1850 mm Höhe. Die Länge beträgt wiederum das 2½fache der Höhe. Solche Hilfsgerüste lassen sich für alle Fahrzeuggattungen schaffen (Bild 51).

Es ist durchaus möglich, die hier als Beispiel gezeigten Fahrzeuge noch zu abstrahieren.

Wesentlich erscheint, da es sich beim Zeichnen von Verkehrsmitteln stets um ein Zuordnen in eine bereits konstruierte Zeichnung handelt, auf die Horizontale und das Maßverhältnis des vorhandenen perspektiven Konzepts Bezug zu nehmen.

6.3. Das Grün

Rasen, Hecken, Buschwerk, Bäume aller Art, das Einbinden eines Bauwerks in die Landschaft, das Raumbildende einer Baumwand wird des öfteren vom darstellenden Zeichner gefordert. In solchen Fällen kann auch nicht zum Weglassen geraten werden, obgleich weise Mäßigung zur Regel werden sollte.

Beim Betrachter der Bilder wird auffallen, daß oft Techniken wie Spritzen und Schablonieren angewandt wurden, auch sind Stamm und Astwerk mit Hilfe des Winkels gezeichnet. Beobachtungen zeigen, daß es kaum gelingt, das Nebeneinander des frei gezeichneten Baumes und der heute fast ausschließlich an Reißschiene und Winkel gezeichneten Baukörper zu überbrücken. Hier sind Strukturen und das mit Hilfe des Winkels gezeichnete Skelett des Baumes richtiger. Außerdem können sich bei Kollektivarbeiten mehrere Zeichner mit der Darstellung des Grüns befassen, ohne unterschiedliche zeichnerische Auffassungen zu zeigen.

Ein vorausgegangenes Naturstudium ist auch für die Anwendung stilisierter Bäume wichtig. Ohne ein solches werden die Darstellungen schablonenhaft, kommt es zu einem mechanischen Kopieren vorhandener Formen.

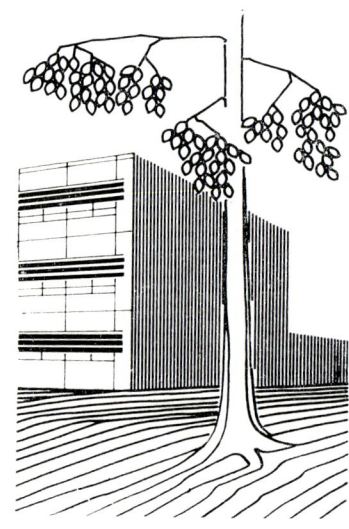

Es gibt aufklebbare Folien oder Abziehbilder für Bäume ın den verschiedensten Maßstäben (wohl meist für die Orthogonale gedacht). Ihre Anwendung ist blamabel. So gut ein „Abziehbildbaum" auch gezeichnet sein mag, jede Zeichnung ist etwas Einheitliches, hier aber werden verschiedene zeichnerische Auffassungen auf ein Blatt gebracht. Mit den Bildern 52 und 53 wird versucht. die Darstellung des Grüns in seinen verschiedenen Möglichkeiten zu zeigen. Der von oben gesehene Baum (Vogelschau) wird gezeichnet. Es kommen die unterschiedlichsten Techniken zur Anwendung.

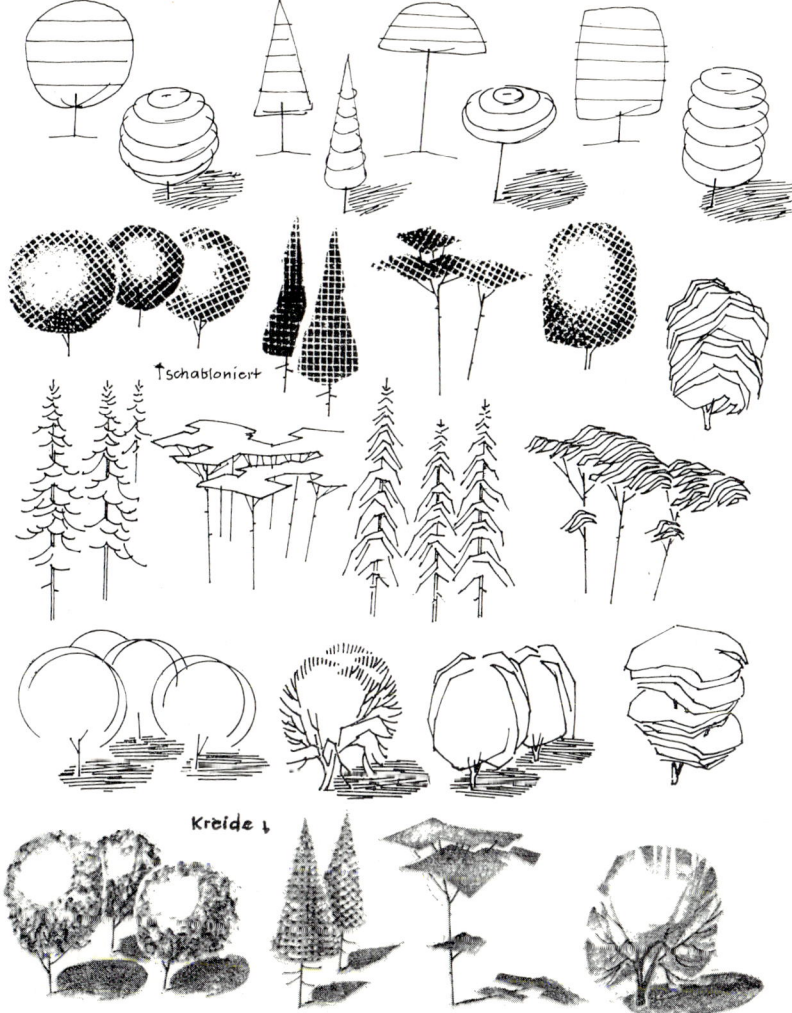

Bild 52 Bäume von oben gesehen. Tusche und Kreide

(Schablonieren: Bauform aus Folie oder Transparentpapier herausschneiden. Perlongewebe darüber legen, Struktur mit kurzem Pinsel und schwarzer Stempelfarbe durchstupfen)

schabloniert

gedruckt   mit kartonkante
            und kartonflächen

Skizzenform ↑

74

6.4.   Bewegtes Gelände, Wasserspiegelung

Das Übungsbeispiel (Bild 54) zeigt die Möglichkeit, mit formbeschreibenden Strukturen stark bewegtes Gelände linear darzustellen. Die Linien sind als Vielzahl von Geländeschnitten anzusehen (s. Bild 61).

In der Kreidezeichnung wird bewegtes Gelände mit Hilfe formbeschreibender Flächen dargestellt (Bild 55).

Im Wasser sich spiegelnde Bauten, Bäume und Wolken werden diffus und einige Töne dunkler wiedergegeben. In der Tuschezeichnung geschieht das mit Hilfe von Schraffuren; in der Kreidezeichnung und im Aquarell wird die Spiegelung flächig dargestellt (Bild 56, s. a. Bild 61 und 73).

6.5.   Künstliche Beleuchtung

Gebäude und Straßenräume nachts können folgendermaßen dargestellt werden: Das Original wird mit schwarzer Kreide auf Transparentpapier gezeichnet, wobei alle Flächen, die in negativer Fotokopie hell erscheinen sollen (Fensterflächen, Lichtkegel oder Straßenlampen, Autoscheinwerfer) dunkel angelegt werden. Beim Fotokopieren, dem Durchlichten des Originals, kommt dann die gewünschte nächtliche Wirkung zustande. Bei verkleinerter fotografischer Wiedergabe wird der Eindruck künstlicher Beleuchtung auf dem Weg über die Diapositivplatte erzielt. Selbstverständlich kann die Wirkung auch durch das Zeichnen mit weißer Kreide auf schwarzem Karton erreicht werden. Schöner ist aber die erwähnte negative Fotokopie mit der Materialwirkung des schwarz glänzenden Fotopapiers und ihren Verfremdungseffekten. Für kleinformatige Zeichnungen eignet sich auch die sogenannte Absprengtechnik. Auf weißen Chromersatzkarton wird mit der Feder (Konturen) und dem Pinsel (Flächen) die Zeichnung pastos mit Gouachefarbe im Ocker- oder Grauton aufgetragen. Das Ganze wird dann mit schwarzer Tusche überstrichen. Sobald die Tusche trocknet, kristallisiert sie auf den gezeichneten Linien und Flächen und platzt ab (mit Rasierklinge nachhelfen). Die ursprünglich grau oder ocker erscheinende Zeichnung erscheint jetzt hell auf schwarzem Grund. Die Linie erhält durch das Absprengen einen eigenen Reiz. Beim Überdecken mit der Tusche können bestimmte Flächen (Schaufenster, Beleuchtungskörper, Autoscheinwerfer) ausgespart werden. Das stehenbleibende Weiß des Kartons trägt zur Bereicherung der Darstellung bei (s. Bild 81, Seite 105).

Bild 53   Bauformen in verschiedenen Zeichnungsarten, Tusche, Gouachefarbe, Kreide

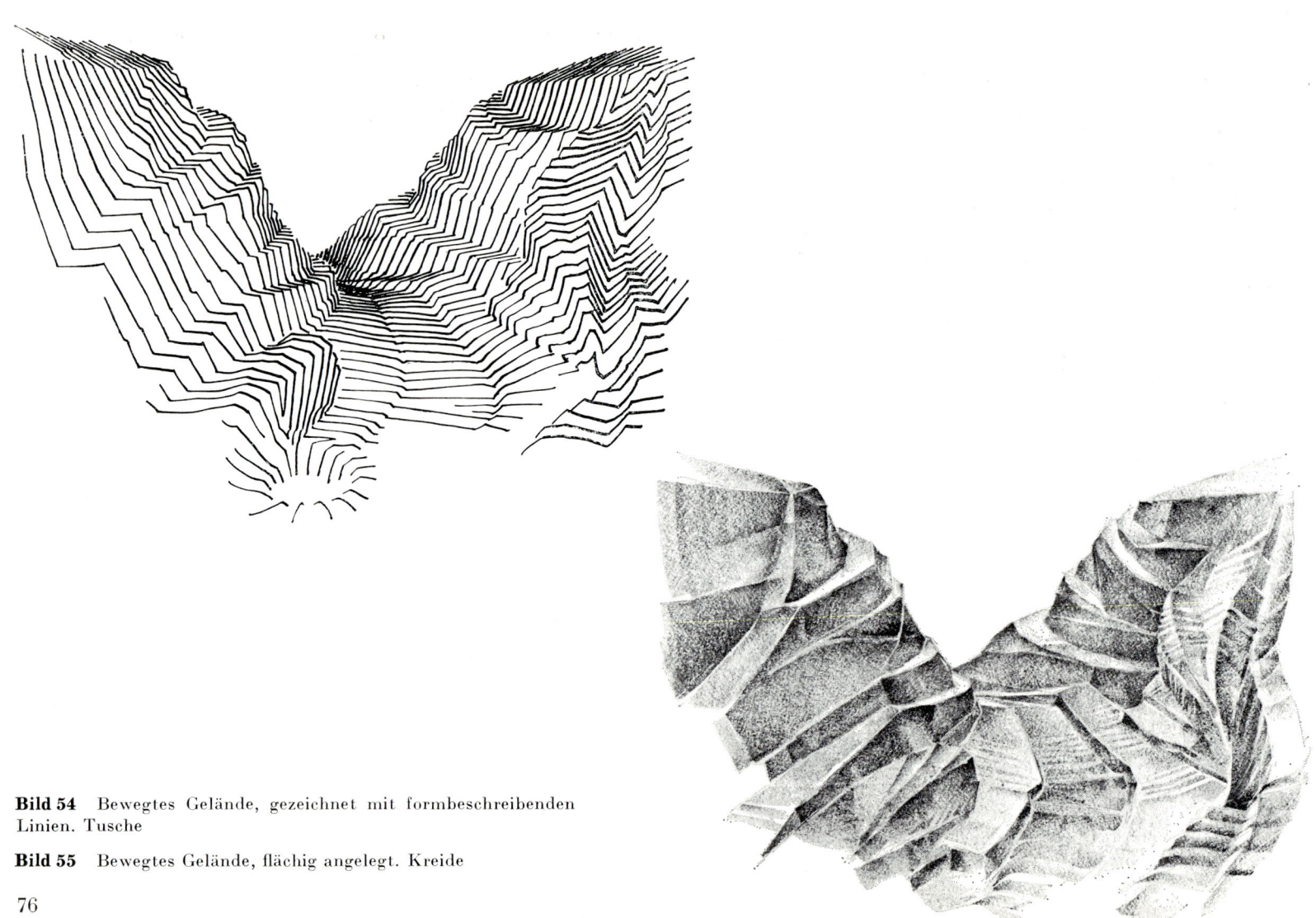

Bild 54 Bewegtes Gelände, gezeichnet mit formbeschreibenden Linien. Tusche

Bild 55 Bewegtes Gelände, flächig angelegt. Kreide

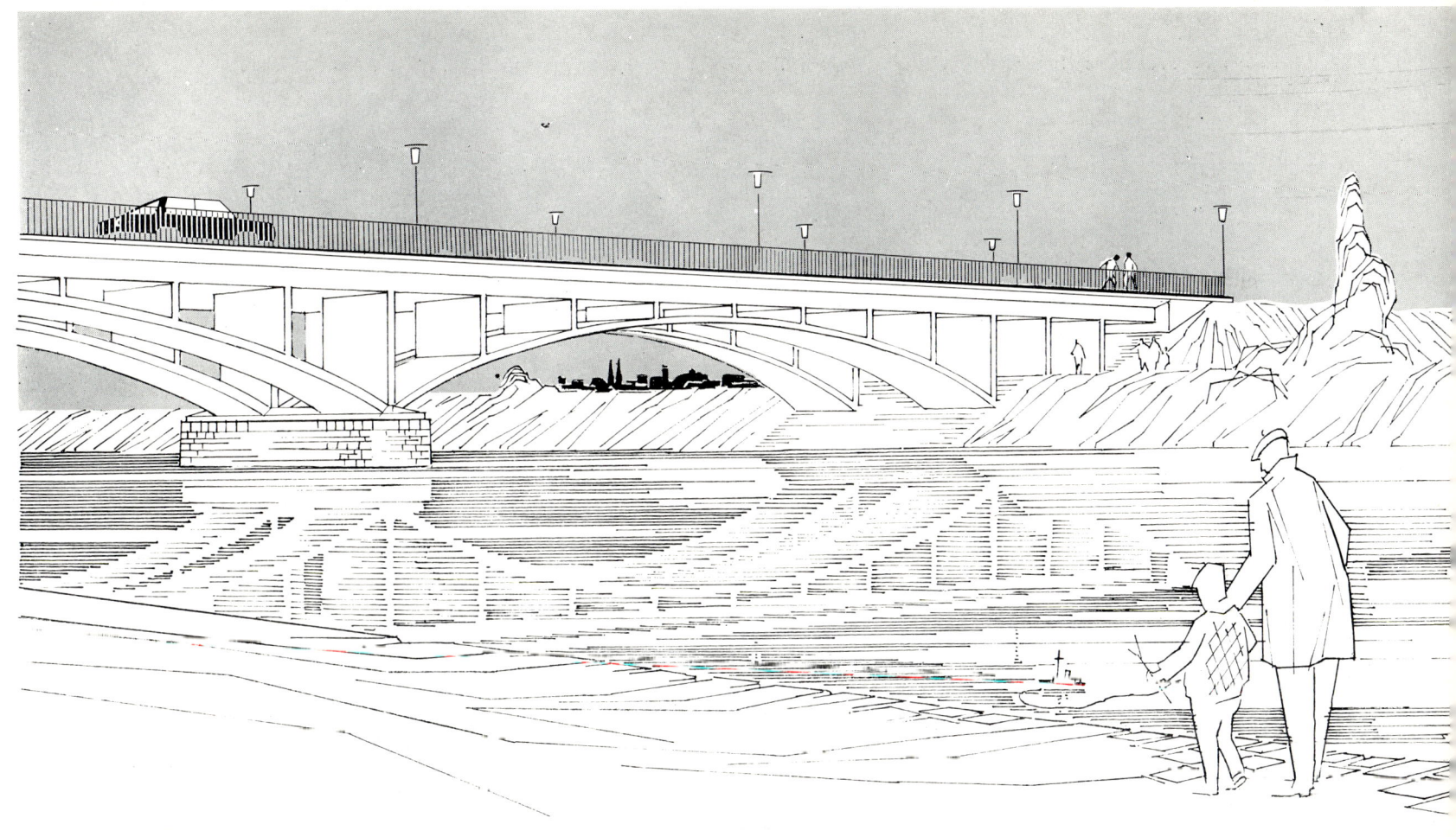

Bild 56 Technisches Bauwerk und seine Wasserspiegelung. Tusche

6.6.   Sitz- und Liegemöbel

Sitz- und Liegemöbel sollten im Schaubild nicht bis ins letzte durchgezeichnet werden.

Die in Bild 57 gezeigten Vereinfachungen sind in den meisten Fällen richtiger. Durchgezeichnete Möbel und Sitzgruppen erscheinen zu eigenständig und stören beim Erleben des dargestellten Raumes. Den perspektiven Regeln entsprechend werden Hilfsgerüste konstruiert, in die die realen Formen des Sitz- und Liegemöbels eingezeichnet werden. Sitz- und Rückenflächen erhalten Schraffuren oder Strukturen für Holz, Geflecht oder Stoff. Je nach Art der Darstellung können auch dafür Strukturpapiere, farbige Papiere, Stoff und Mikrofournier in Form einer Montagearbeit aufgeklebt werden. Die tragenden Teile (Skelett) werden ungeachtet ihres Materials und der Materialdicke nur mit einem, meist dicken Strich gezeichnet, um das Schema klar herauszustellen. Ein Umranden, Einrahmen der strukturierten Flächen (Körper) ist unbedingt zu vermeiden. Der Reiz dieser stilisierten Darstellung liegt im Kontrast der strukturierten Flächen der Körper zum festen Strich der tragenden Teile. Es ist möglich, auch historische Sitzmöbelformen auf diese Weise darzustellen.

Bei Räumen mit zahlreichen Stühlen ist es ratsam, im Hintergrund nur die Tischplatten, Sitz- und Rückenflächen anzugeben. Es genügt, die tragenden Teile (Tisch- und Stuhlfüße) im Vordergrund der Darstellung zu zeichnen. Feste Bestuhlung wird durch das Zeichnen der Oberkante der Rückenlehnen dargestellt.

Bild 57 Sitz- und Liegemöbel, aus Hilfsgerüsten entwickelt. Tusche, Rasterpapier

7. Darstellungstechniken

Das konstruktive Grundgerüst des Bauvorhabens sowie die Staffage und das Umgebende liegen im Konzept vor. Die nächsten Überlegungen richten sich auf das „Wie" des Darstellens, auf die Wahl einer geeigneten Technik für die bildhafte Realisierung. Die Darstellungsart wird hierbei weitgehend vom Verwendungszweck der Zeichnung bestimmt.

Die Möglichkeiten reichen von der klassischen Strichzeichnung bis zu den Techniken, deren Reiz vor allem auf Materialwirkungen beruht.

Die für drucktechnische Zwecke vorgesehenen Darstellungen müssen sich den Anforderungen der Wiedergabe – Strichätzung, Autotypie, Papierart – anpassen.

Im folgenden wird versucht, anhand methodischer Beispiele einen Weg durch die Vielfalt der Techniken der perspektiven Darstellung zu zeigen (Bild 58).

7.1. Zeichnung in Tusche

Die klassische Form der Architekturdarstellung ist die lineare Tuschzeichnung. Sie hat eine Reihe von Vorzügen, wie Lichtpausfähigkeit, einwandfreie fotografische Wiedergabe, im Umkehrverfahren (Fotokopie) erscheint sie in Originalgröße als weiße Strichzeichnung auf schwarzem Grund, im Druck ist sie als Strichätzung auch auf billigerem Papier möglich. Mit technischen Zeichnungen (Grundriß, Ansicht, Schnitt) besteht infolge der gleichen Zeichentechnik eine vielfach erwünschte Einheitlichkeit. Sie wird ihren Platz auf Grund

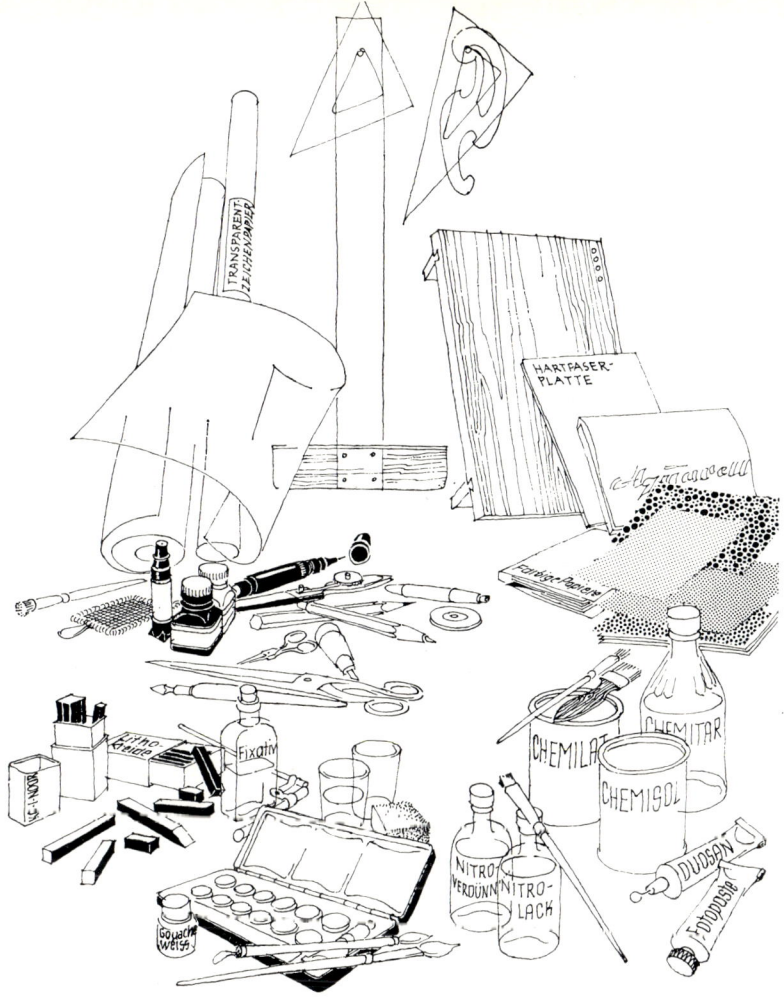

Bild 58 Die hauptsächlichen Materialien und Werkzeuge für die Darstellung. Tusche, Rasterpapier

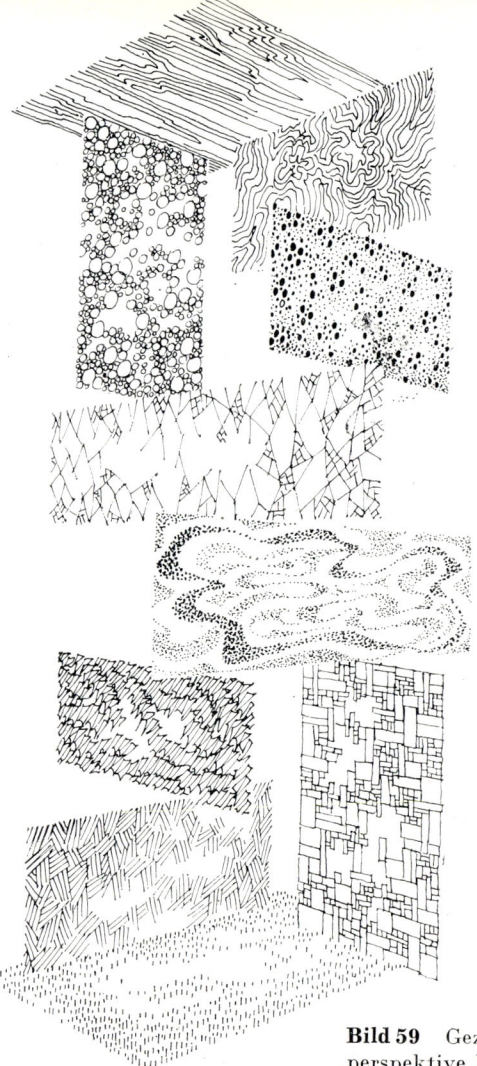

Bild 59 Gezeichnete Strukturen als
perspektive Flächen. Tusche

Bild 60 Gedruckte Strukturen als
perspektive Flächen

der genannten Eigenschaften stets behaupten. Die Bezeichnung „linear" sollte nicht zu wörtlich genommen werden. Die Klassizisten und auch noch ihre Nachfolger, die Architekten des Historismus und des Jugendstils, wandten allerdings vielfach die reine Konturenzeichnung an. Bauwerke dieser Stilepochen mit ihrer Gliederung, ihrem rustikalen Aufbau und ihrer Fülle an Ornamentformen ergaben auch in der Darstellung ein reiches lineares Netz.

Die Moderne hat die Fläche entdeckt. Sichtbeton- oder Natursteinflächen werden in Spannung gesetzt zu durchsichtigen oder farbigen Glasflächen. Material und Lichtführung dominieren. Die reine Konturenzeichnung würde all dem nicht mehr gerecht. Neben der Berücksichtigung von Licht und Schatten muß der Reiz der Struktur hinzukommen und den Flächen ein grafischer Wert gegeben werden. Schraffuren, die verschiedensten gezeichneten Strukturen (Bild 59), gedruckte Strukturen (Bild 60), auf Papier und auf durchsichtiger Folie ergänzen die Zeichnung. Ausnahmen sind Darstellungen von Räumen in Bauwerken mit vielgliedrigen Tragkonstruktionen, die ein reiches lineares Netz ergeben.

Gedruckte Strukturen sind arbeitserleichternde Hilfen, ihrer Anwendung steht nichts im Wege. Es darf aber nicht beides, gezeichnete und gedruckte Struktur, auf einem Blatt angewandt werden. Ebenso hat ein mit dem Bleistift geschaffener Grauwert in der Tuschezeichnung nichts zu suchen. Grundsätzlich muß die hier beschriebene Darstellung Schwarzweißzeichnung bleiben und drucktechnisch als Strichätzung möglich (Bild 61, 62, 63, s. a. Bild 78).

Die nachfolgend beschriebenen Techniken sind Spielarten, die für Arbeiten kleineren Formats geeignet sind.

Bild 61 Strichzeichnung in Tusche, durch die Bäume erzielte Schwarz-weißwirkung

Bild 62 Historisches Bauwerk mit vereinfacht gezeichneten Details, die verschiedenen Ebenen sind durch starke Konturen gekennzeichnet. Tusche negative Fotokopie

7.1.1. Freihändig ausgezogene Tuschezeichnung

Diese früher viel geübte Form der Darstellung geriet, in vielen Fällen auch zu Unrecht, durch die verbesserte Technik des Ausziehens ins Hintertreffen (Rapidograph, Skribent, Lineator). Allerdings verlangt sie einen versierten Freihandzeichner (Bild 64).

Auch die Freihandzeichnung bedarf der grafischen Bereicherung durch gezeichnete Strukturen. Die gedruckte Struktur ist nicht angebracht, ebnso ist ein Anlegen mit dem Bleistift verpönt. Für den Druck muß die freihändig ausgezogene Tuschezeichnung als Strichätzung verwendbar sein, darf also keine Halbtöne enthalten. Im übrigen hat sie alle Vorzüge der vorangehend beschriebenen Technik, wie Lichtpausfähigkeit, gute fotografische Wiedergabe usw.

7.1.2. Lavieren

Darunter wird das Anlegen der Tonwerte in eine Bleistift- oder Tuschezeichnung mit Aquarellfarbe im Sepia- oder Grauton (Paynes Grau, Neutraltinte, verdünnte Tusche) verstanden. Das Zeichenblatt muß aufgezogen sein, oder es ist ein Aquarellblock zu verwenden. Der stark verdünnte Farbton wird mit breit und flächig geführtem Pinsel möglichst naß aufgetragen. Wichtig hierbei ist, daß der Zeichnungscharakter klar erhalten bleibt (Bild 65).

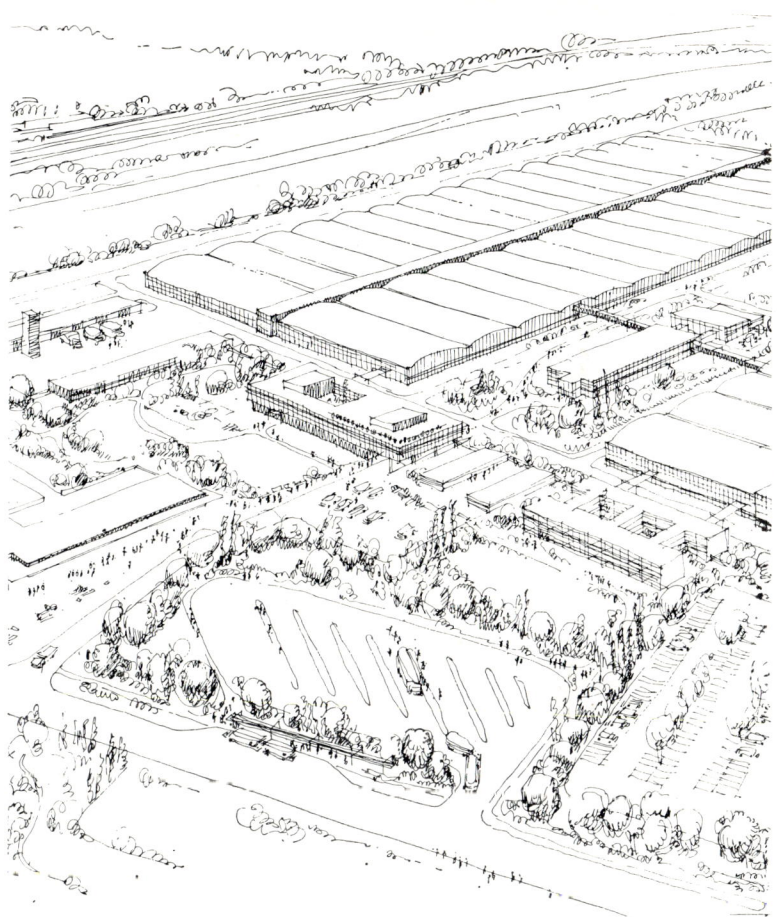

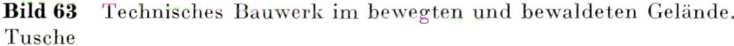

Bild 63 Technisches Bauwerk im bewegten und bewaldeten Gelände. Tusche

Bild 64 Industriebau. Ausschnitt einer freihändig ausgezogenen Zeichnung, reizvoll der Wechsel von gezeichneten und leeren Flächen. Tusche

Bild 65   Lavierte Zeichnung eines Bauwerks. Tusche, Aquarellfarbe

7.1.3. Lacktechnik

Mit einfachen Mitteln wird in der freihändig ausgezogenen Tuschzeichnung eine bildmäßige Wirkung erreicht. Die beleuchtet gedachten Flächen werden mit Nitrolack angelegt. Nach dem Durchtrocknen wird Farb- oder Graphitpulver mit einem Wischer (Filz über Holzklotz) auf der Zeichnung kreisförmig verrieben. Die lackierten Flächen kommen dabei hell auf dem grau angewischten Grund heraus. Die Zeichnung ist gut lichtpausfähig, da die mit Lack angelegten Flächen das Transparentpapier lichtdurchlässiger machen (Bild 66).

7.2. Bleistiftzeichnung

Diese Form der Darstellung ist heute selten geworden. Nichts gegen den Bleistift, die von äußerster Zartheit bis zum kraftvollen Schwarz reichende Skala des Striches ist nur mit dem weichen Bleistift möglich und bisher von keinem anderen Zeichenmittel erreicht worden. Über diese Ausdrucksmöglichkeiten zu verfügen, das erfordert Übung und setzt eine ständige freihandzeichnerische Betätigung voraus. Für großformatige Arbeiten ist die Bleistiftzeichnung weniger geeignet. Reizvoll ist ihre Anwendung in Form von Raumfolgeskizzen, die neben dem Arbeitsmodell die Aufgabe haben, eine Entwurfsidee zu klären und sie in einer Folge von Skizzen erlebbar zu machen (Bild 67, 68, 69).

Auf Transparentpapier gezeichnet sind Bleistiftskizzen lichtpausfähig, sie eignen sich auch für die fotografische Wiedergabe. Drucktechnisch sind sie als Autotypie auf Kunstdruckpapier notwendig.

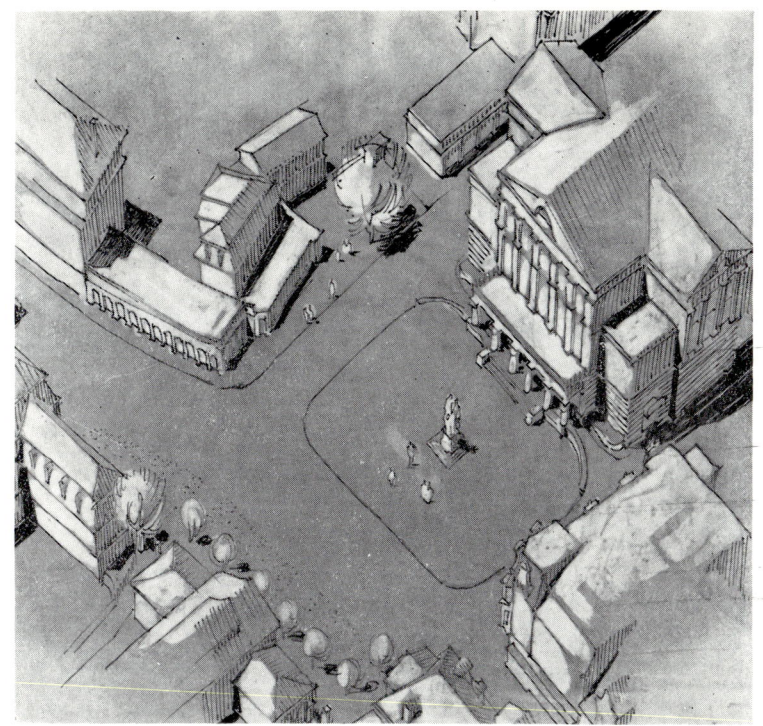

Bild 66 Freihändige Skizze eines Platzes, mit Graphitstaub getönt. Die beleuchteten Flächen zuvor mit Nitrolack angelegt. Tusche, Nitrolack, Graphitstaub

Bilder 67, 68, 69 Hotelprojekt, Bleistiftzeichnungen, einer Reihe von
Raumfolgeskizzen entnommen

89

7.3. Kreidedarstellung

Die Kreidezeichnung war früher in Architektenkreisen eine beliebte und verbreitete Darstellungsart für großformatige Arbeiten. Künstler wie *Lyonel Feininger* (1871—1956) haben damals sehr anregend gewirkt.

Sie verdient wieder eine größere Beachtung. Bei einiger Übung ermöglicht diese Art der Darstellung die notwendige Auseinandersetzung mit Hell-Dunkel-Werten; sie erlaubt und fördert ein großzügiges Arbeiten.

Die reizvolle Kreidestruktur ist besonders für flächige Bauobjekte geeignet. Auf Transparentpapier gezeichnet, ist sie lichtpausfähig, ebenso eignet sie sich für die fotografische Wiedergabe. Für Veröffentlichungen ist als Klischee die Autotypie auf Kunstdruckpapier notwendig.

Material

Vierkantige Kreide von L. & C. Hardtmuth in Schwarz oder Braun (Bister). Zeichnung fixieren (liegend!). Oder vierkantige Lithographiekreide (Fettkreide), für kleinformatige Arbeiten geeignet. Nicht fixieren. Griffiger heller oder weißer Karton oder Transparentpapier. Fixativ, Fixativspritze.

Arbeitsweise

Mit hartem Bleistift vorzeichnen, Kreide in etwa 10 bis 20 mm lange Stücke teilen. Mit der Längskante des Kreidestücks wird am Flächenrand (Gebäudekante) präzis angesetzt und nach innen gezogen, wobei der Tonwert allmählich verläuft. Die Tonstärke ist vom Fingerdruck abhängig. Für notwendige Linien ein langes Stück Kreide stecheisenförmig anschärfen. Das präzise Ansetzen am Flächenrand, das Anlegen der spitz verlaufenden Flächen (z. B. Schlagschatten) muß geübt werden. Ein mehrmaliges Überarbeiten der Flächen mindert den Reiz der Kreidestruktur, macht sie unlebendig. Bedingung ist eine glatte Zeichenunterlage (Glas oder Kunststoff). Unebenheiten im Zeichenbrett sind äußerst störend. Ein Radieren ist möglichst zu vermeiden. Lichtkanten (Sprossen) können mit Hilfe einer Radierschablone vorsichtig herausradiert oder bei Lithographiekreide auf Transparentpapier mit der Rasierklinge herausgearbeitet werden.

Interessante Strukturen für Bauwerksflächen, Rasen und Bäume werden erzielt durch Abreiben unter die Zeichenfläche gelegter Materialien, wie grobes Sandpapier, die Rückseite von Hartfaserplatten, geprägte Tapeten, feines Perlongewebe usw. Entsprechend dünnes Papier ist hierfür notwendig (Bild 70 und 71, s. a. Bild 79).

Bild 70 Gesellschaftsbau am Wasser, flächig, mit Strukturen. Kreide

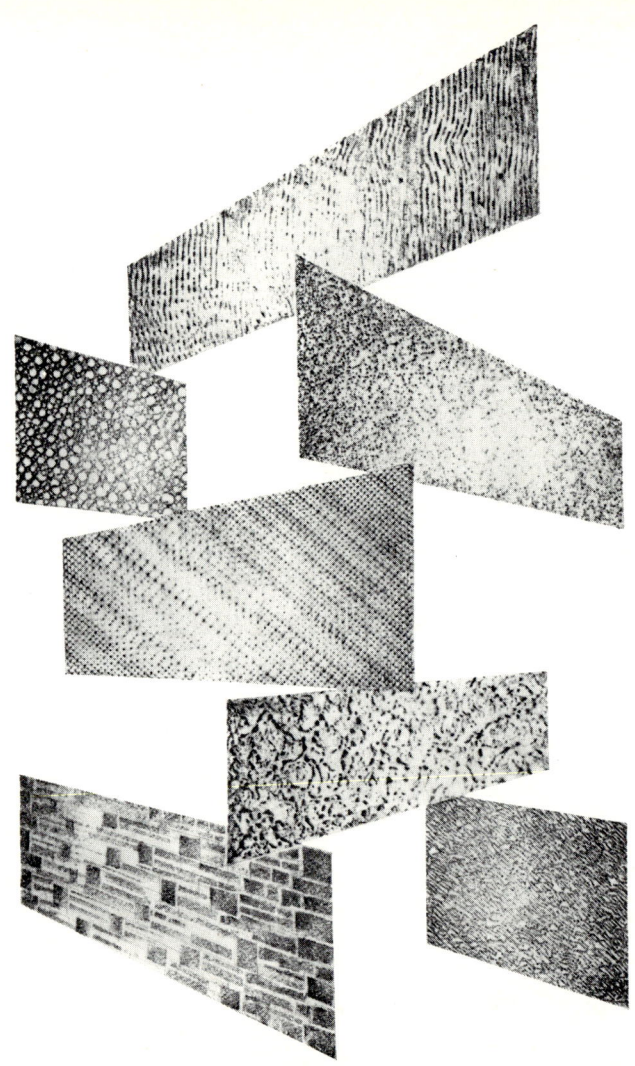

7.4. Farbig hinterlegte Zeichnung auf Klarzellfolie

In ihrer Materialwirkung ist sie sehr bestechend. Anstelle des Farbauftrags wird mit geschnittenen farbigen Papieren gearbeitet. Auch monochrome Ausführung ist möglich. Die Einfachheit der Technik fördert das schöpferische Spiel mit Ton- und Farbwerten. Die fotografische Reproduktion zeigt allerdings nicht den Materialreiz des Originals auf. Für Veröffentlichungen ist eine Autotypie auf Kunstdruckpapier notwendig.

Material

Folie, schwarze und weiße Tusche, mittelgrauer Karton, gestrichene Papiere, Schere, Gummikleber (Chemisol). Zu den Klebern einige Erläuterungen:

Chemisol (Gummikleber), Verdünnung durch das Lösungsmittel Chemitar. Chemisol findet bevorzugt Anwendung, wo Untergrund und Aufzuklebendes sich nicht verändern (verziehen) dürfen. Es werden stets beide Klebeflächen eingestrichen (Kontaktkleber). Überstehender Kleber kann mit dem Radiergummi oder mit dem Finger abgerieben werden.

Chemilat (Gummi-Emulsionskleber). Die Klebkraft ist ausgezeichnet, ein späteres Ablösen aufgeklebter Teile nicht möglich. Chemilat ist wasserlöslich. Das Aufzuziehende entweder auf eine feste Grundplatte aufkleben, oder der Grundkarton muß aufgespannt sein, da sonst ein Verwerfen die Arbeit unansehnlich macht. Überstehender Kleber kann ebenfalls mittels Radiergummi entfernt werden.

Bild 71 Abrieb von Strukturen als perspektive Flächen. Kreide

Bild 72 Bauwerk als farbig hinterlegte Zeichnung auf Klarzellfolie; zur Veranschaulichung ist die Folie teilweise zurückgeschlagen.

Arbeitsweise

Die perspektive Zeichnung wird spiegelbildlich mit Tusche in dünnen Konturen auf der matten Seite der Folie ausgezogen. (Bäume im Umriß).

Auf mittelgrauem Karton in Größe der Klarzellzeichnung die Konzeptzeichnung durchdrücken (aufpausen) und beides, Karton und Klarzellzeichnung, deckungsgleich übereinanderlegen und am oberen Rand mittels Klebestreifen befestigen. Nun werden auf dem unteren Karton mit farbigen Papieren (zunächst etwas größer geschnitten) die gewünschten Töne aufgelegt. Ein rasches Auswechseln der Farben ermöglicht ohne sonderliche Mühe, völlig andere Farbkonzeptionen zu schaffen. Erst dann, wenn eine befriedigende Wirkung erreicht ist, werden die Farbpapiere in genauer Größe zurechtgeschnitten und auf die vorgezeichneten Flächen des grauen Grundkartons geklebt (z. B. Gummikleber, Chemisol). Bäume aus lasierend getöntem Transparentpapier schneiden oder reißen und aufkleben. Die Zeichnung auf dem Klarzell kann ins schwarzer oder weißer Tusche erfolgen, Fensterrahmen, Fensterteilungen auf jeden Fall in weißer Tusche ausziehen.

Ein reizvoller Effekt wird erzielt durch Spritzen der Glasflächen auf der matten Folienseite mit verdünntem Kunstharzlack (Papierschablone, Fixativspritze). Das hierdurch völlig durchsichtig werdende Klarzell gibt den Glasflächen Tiefe (Bild 72 und 73).

Bild 73 Bauwerk mit Umgebenden als farbig hinterlegte Zeichnung auf Klarzellfolie; zur Veranschaulichung ist die Folie teilweise zurückgeschlagen.

7.5. Bildmontage mit farbigen Papieren

Diese sehr variable Darstellungsart ist für Innenräume als Farb- und Materialstudie und für Hochbauten als perspektive Farbkonzeption geeignet. Gleich der vorangehend beschriebenen Hinterlegtechnik wird mit farbigen Papieren, Stoff, Mikrofournier und auch Fotohintergründen gearbeitet. Auf die klärende Klarzellzeichnung wird hier verzichtet. Das Mischen von Farben und Auftragen mit dem Pinsel erfordert Übung und praktische Fähigkeiten, die nicht jedermanns Sache sind. Die meisten Menschen können aber z. B. anhand einer Farbtonkarte Farbklänge und Farbharmonien sehen und zusammenstellen.

Diese Beobachtung führte zur Anwendung von farbigen Papieren. Die Darstellung eignet sich für schwarz-weiße und farbige Reproduktionen. Für Veröffentlichungen ist eine Autotypie auf Kunstdruckpapier notwendig.

Material

Grauer Grundkarton oder aufgezogener weißer Karton oder Aquarellblock, gestrichene farbige Papiere, einfarbige Tapeten, Mikrofournier, Stoff (der leichteren Schneidbarkeit wegen auf dünnes Papier mit Gummiemulsionskleber Chemilat aufgeklebt und gebügelt), Schere, Aquarellfarben und Pinsel, weiße Tusche, Nitrolack, Fixativspritze, Gummikleber (Chemisol).

Arbeitsweise

Bei Hochbauten Konzept auf den Grundkarton pausen. Fensterrahmen und Teilungen mit weißer Tusche oder Gouachefarbe ausziehen. Es empfiehlt sich, danach die Glasflächen zu lackieren (Schablone, Fixativspritze, verdünnter Nitrolack). Nun beginnt das Auflegen der etwas größer geschnittenen Papiere auf die vorgezeichneten Flächen. Wie bei der Hinterlegetechnik ermöglicht die Arbeitsweise, die Ordnung des Farbgefüges zu verändern und zu verbessern.

Es genügt, den Verlauf der Straße, Bürgersteige usw. mit weißen oder hellgrauen Linien anzudeuten (Bild 74). Die Montagetechnik ist vielseitig. Es kann z. B. eine Lichtpause der perspektivischen Zeichnung durch Einreiben von Farbpulver (Pastellkreide fixieren) getönt und auf einen fotografischen Wolkenhintergrund aufgeklebt werden. Die Farbgebung wird nun in der üblichen Weise gehandhabt.

Bei Innenräumen die perspektive Zeichnung auf aufgespannten aquarellierfähigen Karton oder Aquarellblock aufpausen. Nun werden Wand- und Deckenflächen sowie der Fußboden aquarelliert und Möbel, Teppiche, Bilder mittels farbiger Papiere, einfarbiger Tapeten, Stoffe und Mikrofournieren montiert (Bild 75).

7.6.   Fotomontage

Die Fotografie mit einmontiertem Planungsobjekt ist geeignet, die Einfügung von Gebautem in seiner Umgebung (im Straßen- oder Platzraum, Park oder Landschaftsraum) objektiv darzustellen.

Material

Großfoto, glatte Papiere in Grauwerten (unterschiedlich belichteter Fotokarton), Rasterpapiere, Schere, Messer, Kleber (Gummikleber Chemisol, für kleine Flächen Duosan).

Arbeitsweise

Konzept der Perspektivkonstruktion auf entsprechend getönten Karton oder auf Rasterpapier übertragen, ausschneiden und auf das Foto der Umgebung aufkleben, für die Glasflächen durchsichtige Folie verwenden. Es soll bei dieser Darstellungsart noch der Planungscharakter des Objekts zu erkennen sein. Ein Malen mit Tonwerten in Gouachefarben, das den Eindruck hervorruft, das Dargestellte stehe bereits, ist zu vermeiden (Bild 76, 77).

Die Bilder 78 und 79 sind grafische Übersetzungen in Tusche und Kreide der Fotomontage Bild 77.

Bild 78 zeigt die Parklandschaft als lineare Tuschezeichnung. Mit verschiedenen Strichstärken ist beides, Architektur und Vegetation, am Winkel gezeichnet. In der Kreidezeichnung Bild 79 sind die Tonwerte (Strukturen) durch Abreiben unter die Zeichnung gelegter Materialien (Rauhfasertapete, Sandpapier) entstanden.

Bild 74 Bauwerk als Bildmontage mit farbigen Papieren

Bild 75 Innenraum als Bildmontage mit Farbauszug. Wände und Decke aquarelliert. Fenster mit Fotohintergrund, Möbel und Teppiche aufgeklebt

Bild 76 Einfügen eines Neubauprojekts zwischen historische Gebäude. Fotomontage

Bild 77 Parkfotografie mit eingefügten Pavillons. Ton- und Rasterpapier, Folie

Bild 78 Die Fotomontage Bild 77 als Zeichnung. Tusche in verschiedenen Strichstärken

Bild 79 Die Fotomontage Bild 77 als Kreidezeichnung

7.7.   Aquarelltechnik

Sie gehörte noch im Jugendstil zu den beliebtesten Architekturdarstellungen. Eine gewisse Scheu vor dem Umgang mit Pinsel und Farbe und das vermeintliche Umständliche des Papieraufspannens mag u. a. die Ursache sein, daß diese Technik kaum noch gepflegt wird. Die flotte Aquarellskizze erfordert mehr noch als die Freihandzeichnung ständige Übung. Hier ist an eine Aquarelltechnik gedacht, bei der die Farbtöne exakt und flächig aufs Blatt gesetzt werden und durch mehrfaches Überlasieren die gewünschte Tiefe erhalten (Bild 80).

Material

Großer Aquarellblock, Aquarellpapier, auch Zeichenkarton, Aquarelltubenfarben; nicht zu kleine Aquarellpinsel, die sich zu einer Spitze schließen, mehrere kleine Glasnäpfchen.

Arbeitsweise

Das Konzept des Schaubilds durchpausen oder mit härterem Bleistift aufzeichnen. Diese Darstellung wird mit Farbflächen aufgebaut, die Zeichnung hat zurückzutreten. Über die Verteilung der Farbwerte muß man sich anfangs klarwerden. Die entsprechenden Töne werden durch mehrmaliges Anlegen erzielt. Malfläche beim Aquarellieren schräg legen. Farben in ausreichender Menge anrühren (Glasnäpfchen).

Hinweis für die Darstellung im Aufrißbild

Die unter 7.1. bis 7.7. genannten Darstellungstechniken sind hier entsprechend der Aufgabe dieses Buches nur für die Interpretation von Schaubildern beschrieben. Eine Reihe dieser Techniken ist auch für die Darstellung von Aufrißbildern geeignet. So sind Fassadenabwicklungen laviert oder aquarelliert (7.1.2. und 7.7.) für repräsentative Zwecke (Ausstellungen) gut denkbar.

Das Anlegen der Glasflächen von Fassaden mit Nitrolack (7.1.3. und 7.4.) auf Transparentpapier ist ebenfalls in der Fassade möglich und wirkungsvoll (Schablone, spritzen).

Die Anwendung der Bildmontage mit farbigem Papier (7.5.) erlaubt eine exakte Farbgebung auch für das Fassadenprojekt, während die farbig hinterlegte Zeichnung auf Klarzell (7.4.) sich eher zur Farbgebungsskizze eignet. Die spiegelbildliche Zeichnung in Tusche (auch Bleistift) auf der matten Seite der Folie gibt die erwünschte Exaktheit, während die hinterlegten Farbpapierflächen großzügig geschnitten sind, also nicht paßgerecht zu sein brauchen.

Bild 80 Aquarelldarstellung. Flächen mehrfach überlasiert, Teilungen der Glaswände in Deckweiß ausgezogen

Bild 81 Platzraum bei künstlicher Beleuchtung. Abgesprengte Tusche über Gouachefarbe

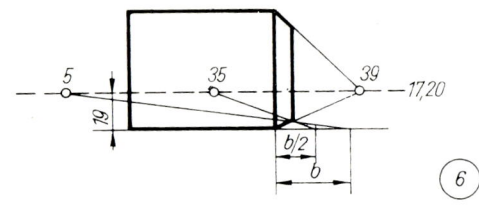

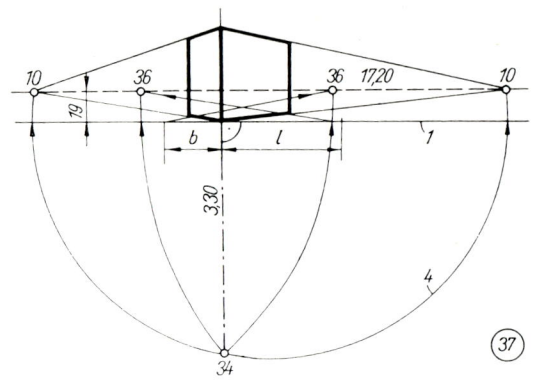

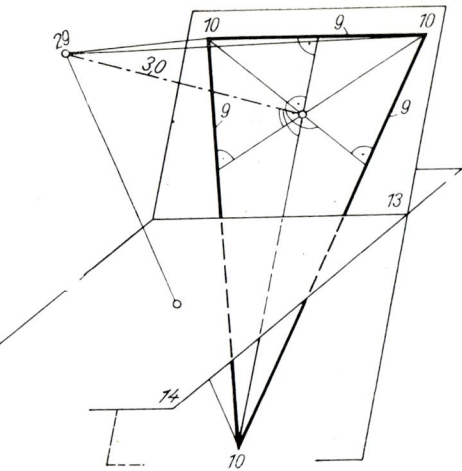

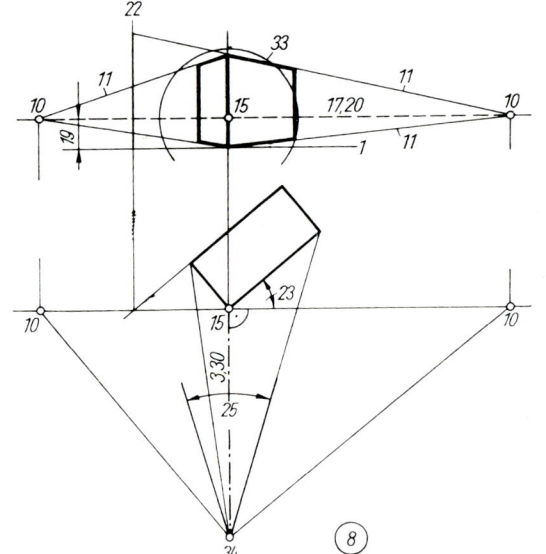

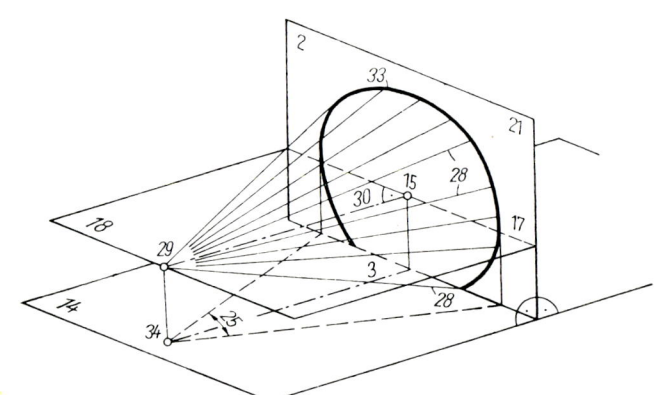

7.) Doppelverhältnis $(ABCD) = \dfrac{AC}{CB} : \dfrac{AD}{DB}$

Die Zahlen in den Skizzen beziehen sich auf die Numerierung der Fachausdrücke.

106

Fachausdrücke der Perspektive

(deutsch, russisch, englisch, französisch, spanisch)

1. Basis	основание картины	base	base	linea de tierra
2. Bildebene	картинная плоскость, картина	picture plane	tableau	plano del cuadro
3. Distanz	расстояние, дистанция	distance	distance	distancia
4. Distanzkreis	дистанционная окружность	distance circle	cercle de distance	circulo de distancia
5. Distanzpunkt	дистанционная точка, точка дальности	distance point	doint de distance	punto de distancia
6. Distanzpunkt-verfahren	метод дистанционных точек	distance point method	méthode du point de distance	procedimiento de los puntos de distancia
7. Doppelverhältnis	двойное отношение	cross ratio	birapport	razón doble
8. Durchstoßverfahren	метод пересечения	method of intersection	méthode de l'inter-section	procedimiento de inter-secciones
9. Fluchtdreieck	треугольник схода	vanishing triangle	triangle de fuite	triangulo de fuga, triangulo limite
10. Fluchtpunkt	точка схода	vanishing point	point de fuite	punto de fuga, punto limite
11. Fluchtstrahl	луч схода	vanishing ray	rayon de fuite	rayo limite
12. Froschperspektive	лягушачья перспек-тива, перспектива при виде с очень невысокой точки зрения	perspective from below, worm's eye view	perspective de grenouille	perspectiva de cuadro inclinado hacia arriba
13. geneigte Bildebene	наклонная картина	inclined picture plane	tableau incliné	plano del cuadro incli-nado
14. Grundebene	предметная плоскость	ground plane	plan horizontal	plano horizontal (de proyección) plano geometral

German	Russian	English	French	Spanish
15. Hauptpunkt = Augpunkt	главная точка карти- ны = точка зрения	central point, station point center of vision = point of sight	point de vue	punto principal = punto de vista
16. Hauptstrahl	главный луч	principal ray	rayon principal	rayo principal
17. Horizont	горизонт	horizon	horizon	horizonte
18. Horizontebene	плоскость горизонта	horizontale plane	plan d'horizon	plano de horizonte
19. Horizonthöhe	высота горизонта	horizontale height	hauteur d'horizon	altura del horizonte
20. Horizontlinie	линия горизонта	horizont line, eye level	ligne d'horizon	linea de horizonte
21. lotrechte Bildebene	вертикальная картина	vertical picture plane	tableau vertical	plano del cuadro vertical
22. Meßkante	размерная линия	measure line	arête de emsure	recta de medida
23. Neigungswinkel	угол наклона	angle of inclination	angle d'inclination	angulo de pendiente
24. Normalhorizont	нормальный горизонт	normal horizon	horizon normal	horizonte normal
25. Öffnungswinkel des Sehkegels	угол при вершине конуса зрения, угол зрения, угол лучевого конуса	angle of the visual cone	angle d'ouverture du cône visuel	angulo del cono visual
26. Perspektive	перспектива	perspective	perspective	perspectiva
27. perspektivische Rekonstruktion	реконструкция перспективы	perspective reconstruc- tion	reconstruction perspective	restituciones perspec- tivas
28. Projektionsstrahl	проектирующий луч	ray of projection	rayon de projection	rayo proyectante
29. Projektionszentrum = Augpunkt	центр проекции = точка зрения	center of projection = point of sight	centre de projection = point de vue	centro de proyección = punto de vista
30. Sehachse = Hauptstrahl	главный луч	visual axis, principal visual ray	axe visuelle = rayon principal	rayo principal
31. Sehkegel	лучевой конус, конус зрения	visual cone	cône visuel	cono visual
32. Sehstrahlenpyramide	(пирамида лучей зрения) термин не употребля- ется	pyramide of visual rays	pyramide des rayons visuels	piramide visual

33. Spurkreis des Sehkegels	окружность-след лучевото конуса, следконуса зрения (на картинной плоскости)	trace (circle) of the visual cone	cercle (trace) du cône visuel	traza del cono visual
34. Standpunkt	точка стояния	vertical projection of point of sight	position de l'observateur	proyección horizontal del punto de vista
35. Teildistanz	дробная точка дальности	reduced distance, division distance	distance de division	distancia reducida
36. Teilpunkt	точка деления	reduced distance point, division point	point de division	punto de distancia reducido
37. Teilpunktverfahren	метод точек деления	reduced distance point method, division point method	méthode du point de division	procedimiento de los puntos de distancia reducida
38. Vogelperspektive	вид с птичьего полета, перспектива с (высоты) птичьего полета	bird's eye view, bird's eye perspective	perspective á vol d'oiseau	perspectiva a vista de pajaro
39. zentraler Fluchtpunkt	центральная точка схода	central vanishing point	point de fuite central	punto de fuga principal
40. Zentralprojektion	центральная проекция	central projection	projection centrale	proyección central

Bildnachweis

Zeichnungen

Bild 1: *J. Barozzi da Vignola:* La dus regole della prospettiva pratica.
Roma 1583, S. 55
Bild 2 bis 30, 34, 40 bis 47: Dr. *Danielowski*
Bild 48 bis 63, 62, 66, 71, 74 bis 81:
Dipl-Grafiker *Pretzsch*
Bild 61: Dipl.-Ing. *Halmagyi*
Bild 64, 67 bis 69: Dipl.-Ing. *Rogge*
Bild 70: Dipl.-Ing. *Ebner*
Bild 72: Dipl.-Ing. *Hoefs*
Bild 73: Dipl.-Ing. *Sieber*
Vignette S. 85: cand. ing. *Bossmayer* †

Einzeichnungen in die Fotografien

Bild 32, 33, 35 bis 39: Dr. *Danielowski*

Fotografische Aufnahmen

Bild 31, 32, 38, 76: *Christiane Slevogt*
Bild 33: Dr. *Danielowski*
Bild 72, 73: Foto-Held, Weimar

Literaturverzeichnis

[1] *Bartel, K.:* Malerische Perspektive. Leipzig: Verlag B. G. Teubner 1934.

[2] *Danielowski, F.:* Ermittlung der Bestimmungsstücke der zentralperspektivischen Abbildung durch optische Vergleiche. Weimar: Wiss. Zeitschrift der Hochschule für Architektur und Bauwesen Weimar IX. Jhg./4.1962.

[3] *Danielowski, F.:* Ein objektiver, zentralperspektiver Schnellriß, pP-Verfahren. Weimar: Wiss. Zeitschrift der Hochschule für Architektur und Bauwesen Weimar.
Teil I, IX. Jhg./5. 1962.
Teil II, X. Jhg./2. 1963.
Teil III, X. Jhg./4. 1963.

[4] *Danielowski, F.:* Eine approximative Standpunktbestimmung für das objektive, zentralperspektive pP-Schnellrißverfahren. Weimar: Wiss.-Zeitschrift der Hochschule für Architektur und Bauwesen Weimar XII. Jhg./4. 1965.

[5] *Fuller, W. H.:* Perspektive und ihre Konstruktion. Göttingen: Musterschmidt o. J.

[6] *Hohenberg, F.:* Konstruktive Geometrie für Techniker. Wien: Springer-Verlag 1956.

[7] *Kührt, H.:* Linearperspektive. Berlin: Volk und Wissen Volkseigener Verlag 1955.

[8] *Lippold, H.:* Darstellende Geometrie und Architekturperspektive. Oldenburg: Verl. Ges. R. Müller 1949.

[9] *Müller, K. A.:* Einführung in die Perspektive. Berlin: Volk und Wissen Volkseigener Verlag 1950.

[10] *Ranke, V. J. Ch. von,* und *Niebler, H.:* Perspektive im Ingenieurbau, insbesondere im Straßenbau. Wiesbaden: Bauverlag GmbH 1957, II. A.

[11] *Schulze, W.:* Grundlagen der Perspektive. Leipzig: Fachbuchverlag GmbH 1952.

[12] *Schmid, A.:* Konstruierende Perspektive. Ravensburg: Otto Maier Verlag o. J. V. A.

[13] *Weiner, G.:* Perspektive. Leipzig: Fachbuchverlag GmbH 1952, II. A.

Sachwörterverzeichnis